RÉFLEXIONS

SUR LES DOCTRINES ET PRINCIPES

DES 18ᵉ. ET 19ᵉ. SIÈCLES.

RÉFLEXIONS

SUR LES DOCTRINES ET PRINCIPES

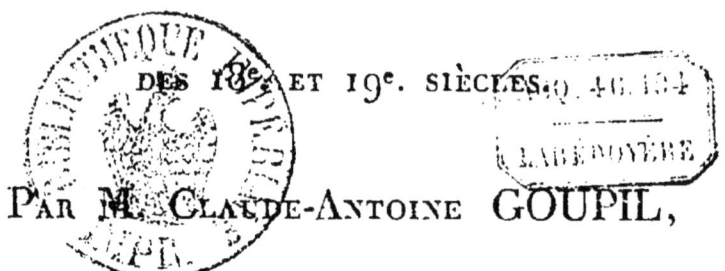

DES 18e. ET 19e. SIÈCLES,

PAR M. CLAUDE-ANTOINE GOUPIL,

MAIRE DE NEMOURS, CHEVALIER DE L'ORDRE ROYAL DE LA LÉGION D'HONNEUR, DOCTEUR EN MÉDECINE, MEMBRE DU JURY MÉDICAL DU DÉPARTEMENT DE SEINE-ET-MARNE, CORRESPONDANT DE LA SOCIÉTÉ DE LA FACULTÉ DE MÉDECINE DE PARIS, DES SOCIÉTÉS DE MÉDECINE DE CAEN ET MONTPELLIER.

A PARIS,

DE L'IMPRIMERIE D'ANT^{HE}. BOUCHER,
SUCCESSEUR DE L. G. MICHAUD,
RUE DES BONS-ENFANTS, N°. 34.

M. DCCC. XIX.

AVIS AU LECTEUR.

En offrant au public quelques courtes réflexions sur les doctrines et principes des dix-huitième et dix-neuvième siècles, je me suis proposé, 1°. de détromper les personnes qui, pour n'avoir pas lu avec toute l'attention nécessaire certains ouvrages des philosophes du siècle dernier, et les discours ou pamphlets de leurs disciples, sont tombés dans une erreur involontaire à la vérité, mais funeste ; 2°. d'appeler l'attention de nos meilleurs écrivains sur ces ouvrages, et les engager à réfuter les sophismes dangereux qu'on y rencontre à chaque page, et qui conduisent à la destruction de toute religion comme de toute morale, et au renversement de tous les trônes. Que cette tâche, plus longue que difficile, ne les effraie pas : le mensonge ne tient pas contre la vérité; les ténèbres fuient devant la lumière; le succès de leurs ouvrages ne saurait être douteux. La France compte encore un grand nombre d'hommes auxquels il suffira de prouver qu'ils suivent une mauvaise route pour la leur faire abandonner sans hésiter.

RÉFLEXIONS

SUR LES DOCTRINES ET PRINCIPES

des 18e. et 19e. siècles.

Nos pères, appuyés sur l'expérience de dix-sept siècles, avaient la bonhomie de croire que la religion chrétienne était le plus solide appui des Etats, le frein le plus puissant contre la tyrannie, la plus douce et la plus sûre des consolations offertes à l'homme honnête et malheureux : pauvres esprits! ils n'avaient lu ni Diderot, ni Helvétius! il faut leur pardonner leur ignorance.

Croyance en Dieu et dans sa justice éternelle, immortalité de l'ame, punition des méchants dans une autre vie, objet des plus sérieuses méditations des Socrate, des Platon, et autres rêveurs de l'antiquité, vous ne troublerez plus la sécurité des heureux du jour; nos philosophes ont prouvé que vous n'étiez que les enfants de la crainte et de la sottise ! Et que pourrait-on comparer à nos philosophes, pour l'étendue des lumières et la force des raisonnements ? Malheureusement leurs lumières n'ont pu pénétrer encore dans la dernière classe du peuple ; et, en attendant que tous les Français puissent jouir des bienfaits qu'elles leur promettent, il faut bien souffrir que le christianisme occupe leur cœur et leur esprit : mais, pour hâter l'heureux moment où nous donnerons au monde entier l'exemple unique d'un peuple d'athées, nous avons soin d'empêcher qu'il ne se forme de nouveaux ministres ; et, pour y parvenir, nous employons un bon moyen : c'est de représenter comme hypocrites les ministres zélés et instruits, et de couvrir d'opprobres et d'infamie ceux qui n'ont que du zèle sans instruction, en même temps que les disciples de nos philosophes prêchent hautement et avec toute sûreté leur admirable doctrine.

Il y a dix-huit cents ans que les ministres de la religion chrétienne enseignent à faire l'aumône, n'est-il pas bien temps qu'ils apprennent comment on la demande ?

Montesquieu a dit : « Chose admirable, la
» religion chrétienne, qui ne paraît destinée

» qu'à préparer notre félicité dans une autre
» vie, fait encore notre bonheur dans celle-
» ci. » Et on a eu la simplicité de le croire !
Aujourd'hui, grâces à nos modernes moralistes, nous savons, à n'en pas douter, 1°. qu'il n'y a pas d'autre vie à craindre ou à espérer ; 2°. que le bonheur, dans celle-ci, consiste à satisfaire pleinement nos goûts et nos passions, à devenir riches et puissants, à suivre enfin les doux penchants que la nature nous a donnés.

Comment mettre en parallèle une morale dure et sévère, comme celle du christianisme, qui nous promet dans un autre monde (dont personne n'est jamais venu nous donner des nouvelles) une félicité sans borne, achetée par de nombreuses privations; avec celle de nos philosophes, qui, n'admettant rien que de certain ou de démontré, nous invite à jouir dans celui-ci de tous les plaisirs qu'il nous offre. Cette dernière morale, parfaitement à la portée de notre intelligence, n'est-elle pas préférable à l'autre ? et ne devons-nous pas tous les jours rendre grâces aux sublimes génies qui l'ont mise à la mode ?

C'est une chose étrange que l'aveuglement de certains hommes, qui ne peuvent pas se persuader qu'une société puisse subsister sans religion; comment la révolution française ne les a-t-elle pas désabusés ? Auraient-ils été trompés par les mascarades des déesses de la Liberté, de l'Egalité, etc., etc.? Et voudraient-ils en prendre acte? Allégueraient-ils aussi les inscriptions apposées sur le frontispice des temples, par ordre du philosophe Roberspierre?

Il faut convenir que ce philosophe incorruptible, qui, pour le bonheur de la France, l'a gouvernée pendant trois ans, et qui avait trouvé le meilleur moyen de rendre les hommes égaux, a commis là une étrange inconséquence. La fête de l'Eternel a reculé de plus d'un siècle l'époque où le peuple français aura le bonheur de ne plus croire en Dieu ; et, pendant un siècle, la philosophie pourrait n'être plus de mode. Alors que de soins, que de raisonnements, que de livres précieux seraient perdus pour la postérité. Ce qui doit un peu rassurer sur les suites possibles de cette faute, c'est l'habileté des disciples et successeurs de ce grand homme, et leur nombre qui s'accroît tous les jours.

Si l'on demande aux prédicateurs de l'athéisme comment ils remplaceront la crainte des peines dans une autre vie, ce frein qui retenait tant de chrétiens : par celle des bourreaux, répondent-ils? Cette crainte peut, sans doute, empêcher quelques crimes, mais n'en est-il pas qui sont, pour ainsi dire, hors des atteintes de la justice humaine ?

Un criminel adroit ne peut-il pas prendre assez de précautions pour n'avoir rien à redouter des tribunaux ? Voilà sur quoi nos moralistes athées doivent chercher à nous rassurer.

Qui a fait le monde ? le hasard, répondent nos philosophes. Quoi ! le hasard a produit cet ordre admirable qui existe dans l'univers, cette harmonie que nous apercevons entre les trois règnes de la nature, cet enchaînement de tous les êtres si nécessaires les uns aux autres ? Oui, sans doute, le hasard a produit cet ordre qui est l'objet de votre admiration, mais après avoir épuisé toutes les autres combinaisons possibles.

Et ces lois qui, depuis tant de siècles, maintiennent cet ordre et empêchent de nouvelles combinaisons de le détruire ? c'est encore lui. Oh ! la belle conception : ainsi ces chefs-d'œuvre sortis du cerveau de nos philosophes, et qui leur ont acquis une réputation colossale, ne seraient que des résultats, des combinaisons ou des modifications de la matière, auxquels le hasard aurait seul présidé. Nous ne pouvons le croire, mais nous affirmerions bien que Dieu n'y a pas mis la main.

Jadis celui qui ne croyait pas en Dieu, était

partout montré au doigt ; aujourd'hui, c'est le tour de celui qui y croit.

On a vu, dans le cours de la révolution, des ministres de la religion chrétienne, dont les mœurs et la conduite étaient fort suspectes, monter dans la chaire évangélique, et y déclarer à haute voix que durant tout le temps qu'ils avaient exercé leur ministère, ils n'avaient cessé de tromper le peuple en lui enseignant une religion fausse et absurde.

Si cette déclaration était fondée sur la raison et la vérité, il faudrait en conclure que les Bossuet et les Fénélon étaient d'insignes hypocrites, ou des hommes bien dépourvus de sens et de jugement ; mais s'il était prouvé au contraire que ces grands hommes étaient dignes de notre vénération par leur conduite, comme de notre admiration par leurs lumières et leurs talents, il faudrait tirer cette autre conclusion, que les ministres qui ont si hautement et si publiquement abjuré leur croyance, étaient de vils scélérats dignes du dernier mépris. Il n'y a pas de milieu, il faut choisir entre ces deux conclusions.

Pour un athée qui croit l'être par conviction, il en est mille qui le sont par calcul et par intérêt.

On conçoit facilement où est la garantie de

celui qui croit en Dieu ; que les athées nous disent où est la leur.

Jusqu'ici on a pensé qu'avec la croyance en Dieu on fondait les sociétés, et qu'avec l'athéisme on les renversait. Ne faudrait-il pas autre chose que des sophismes pour prouver le contraire ?

Un écrivain a dit, il n'y a rien de nouveau sous le ciel. N'est-ce pas une chose toute nouvelle qu'une secte de philosophes qui veut fonder la société sur la ruine de toute morale et de toute religion ?

Ces philosophes veulent que l'homme cherche dans sa raison seule un plan de conduite. Ils prétendent qu'elle doit lui apprendre et ce qu'il faut faire et ce qu'il faut éviter. Vous croyez qu'ils vont vous donner de ce guide si sûr, si fidèle, une définition claire et précise ; point du tout : autant de philosophes, autant de définitions différentes.

Lorsqu'on les a toutes mûrement examinées, on se demande, tout étonné, qu'est-ce que la raison ? La raison, c'est la voix de la conscience, qui nous apprend ce que nous devons à Dieu, à nos semblables, à nous-mêmes, et nous fait distinguer le juste de l'injuste. Cette définition, qui convient à chaque homme en particulier, comme à toute réunion d'hommes en société, à l'est comme à l'ouest, au nord comme au sud, est la seule vraie. Sortez de là, je défie qui que ce soit de me dire ce que c'est que la raison.

Parmi les détracteurs du christianisme, les uns le veulent détruire parce qu'il est absurde et qu'il tend à avilir et dégrader l'homme; les autres, parce que sa morale est au-dessus de toutes les forces humaines. Hé! Messieurs, soyez d'accord; un peu plus d'adresse ou plus de franchise, dites tout simplement qu'il vous gêne.

Foi en Dieu, espérance dans sa justice et sa bonté, amitié, soins, secours à tous les hommes, immortalité de l'ame : voilà les bases du christianisme. Dans cette croyance, tout est lié, le passé, le présent et l'avenir; les générations éteintes ne sont plus étrangères à celles qui leur ont succédé et qui doivent leur succéder encore; la plus parfaite harmonie s'établit; la mort, la mort elle-même n'est qu'une courte séparation. Hasard aveugle, destruction et néant: voilà ce que nous offre l'athéisme. Dans cette croyance, nul espoir de récompense pour la vertu, nulle crainte de châtiment pour le crime qui a su éluder les lois : vide affreux, isolement, égoïsme; telles sont les conséquences de ce système. C'était bien la peine de se creuser le cerveau pour trouver de si belles choses!

Sans le besoin que l'on avait de détruire dans certains hommes la crainte des punitions dans une autre vie, peut-être eût-on conservé le dogme de l'immortalité de l'ame.

Qu'il était consolant pour un homme prêt à sortir de la vie, de penser qu'un Dieu plein de bonté lui tendait les bras; qu'il allait revoir un père chéri, une tendre mère, une épouse adorée dont la perte lui avait coûté tant de larmes. On a donné le nom de philanthropes à ceux qui cherchent à nous enlever cette consolation dernière; ceux, au contraire, qui nous invitent à l'accepter, sont déclarés ennemis de l'humanité. Sommes-nous revenus au temps de la confusion des langues?

Si l'homme est destiné à vivre dans l'état de société, ce que prouve suffisamment le long temps qui s'écoule jusqu'au moment où les enfants peuvent se passer de leurs parents, tout système qui contribue à entretenir l'ordre dans cette société, ne doit-il pas être considéré comme vrai? Tout système, au contraire, qui tend à le troubler ou à l'anéantir, ne doit-il pas être regardé comme faux? Sur cette règle, que l'on juge la religion chrétienne et l'athéisme.

Dans les siècles d'ignorance et de barbarie, l'homme qui portait au malade des consolations, à la veuve et à l'orphelin des secours, qui prêchait aux rois la justice, aux puissants la modération, aux riches le bon usage des richesses, aux pauvres la patience et la résignation à la volonté de Dieu, jouissait du respect et de la considération du public. Dans ce siècle de lumières, où la civilisation a fait de si merveilleux progrès, ce même homme est livré à la risée de la plus vile canaille; c'est un hypocrite, un fanatique ou un imbécille.

On accuse la religion d'avoir fait verser des torrents de sang; si l'on voulait être juste et faire, dans les guerres qui lui sont attribuées, la part de l'ambition, de l'avarice, de l'orgueil, de la haine et de la vengeance, combien en resterait-il pour celle du christianisme?

L'homme abuse de tout, et principalement des moyens qui lui ont été donnés par la divinité pour rendre sa vie plus douce et plus agréable. Le commerce lui-même, ce lien si propre à unir les hommes entr'eux en subvenant à tous leurs besoins, n'a-t-il pas, dans les deux mondes, servi de prétexte à des guerres affreuses? Combien de milliers de victimes sacrifiées à l'avarice et à la cupidité de quelques gouvernements ou de quelques particuliers commerçants ! Ces guerres, ces victimes prouvent-elles quelque chose contre l'utilité du commerce ? Si quelqu'un, effrayé des énormes abus dont il a été le prétexte, s'avisait d'en demander la suppression, ne le regarderait-on pas, et avec raison, comme un insensé ? Ceux qui veulent détruire le christianisme sont-ils moins fous ?

La médecine, cette science fondée sur l'expérience et l'observation, qui, en nous indiquant la conduite que nous devons tenir pour nous conserver dans l'état de santé, prévoit et calcule les funestes effets de nos écarts dans le régime diététique; et ceux de nos passions, qui nous offrent avec l'histoire des nombreuses maladies qui en sont les suites, les moyens d'y remédier ou de les adoucir; la médecine, en honneur chez tous les peuples dès la plus haute antiquité, n'a-t-elle pas vu souvent le charlatanisme ignorant et effronté, empruntant son nom respectable, exercer sur les hommes crédules des ravages effrayants ? Faudra-t-il aussi détruire cette science utile, et la rendre responsable des abus dont elle gémit et qu'elle ne peut empêcher ? Non, sans doute, et personne n'y songe. La religion, dont le but est de prévenir et de guérir les maladies de l'ame, plus fréquentes et plus dangereuses que celles qui sont

2

du ressort de la médecine, a-t-elle moins de droits à nos respects et à notre reconnaissance? Si les abus commis au nom du commerce par l'avarice, de la médecine par le charlatanisme, n'ont jamais pu être imputés à la médecine et au commerce, par quelle insigne mauvaise foi veut-on rendre le christianisme responsable de ceux commis en son nom par le fanatisme qu'il réprouve, et contre lequel lui-même nous fournit des armes?

Si quelques ministres de la religion chrétienne ont tenu une conduite blâmable, pourquoi vouloir en rendre responsables tous ceux dont la vie mérite nos respects et nos éloges? Philosophes, soyez prudents; ne cherchez point à établir une injuste solidarité, de peur qu'on ne la réclame contre vous: elle pourrait vous embarrasser cruellement. Voudriez-vous que l'on vous rendît solidaires des Roberspierre, des Marat, des Danton, et de tant d'autres philosophes, ou vos maîtres ou vos condisciples, pour leur conduite pendant la révolution? Non, je suis persuadé que cette proposition ne vous conviendrait pas; que même quelques-uns d'entre vous en rougiraient. Revenez donc, ne fût-ce que par intérêt, à des opinions moins déraisonnables.

La religion, en cherchant à détruire les passions nuisibles à la société, et qui tôt ou tard font le malheur de l'homme, veut leur substituer des vertus ; c'est par la crainte de Dieu, par l'exposé de tous les avantages que promet la pratique des vertus, qu'elle se propose d'arriver à ses fins et de nous rendre meilleurs.

Un philosophe, qui n'était cependant pas athée, offre un moyen bien plus simple et bien plus facile : c'est d'opposer une passion moins dangereuse à une passion qui l'est davantage ; enfin c'est d'entrer en composition avec les passions. Ce moyen n'est-il pas admirable et digne de toute la reconnaissance de la jeunesse, à laquelle les passions offrent tant d'attraits et promettent tant de plaisirs ? Elle est sûre, au moins, de ne pas être privée de toutes ; sur deux, on lui en conserve une. Voilà ce qui s'appelle être traitable.

C'est par la prédication que la religion catholique s'est établie et perpétuée jusqu'à nous ; c'est par des émissions de la Bible traduite en langue vulgaire, que la religion protestante se propage. Empêcher la prédication, c'est détruire le catholicisme ; s'opposer à la réimpression de la Bible en langue vulgaire, c'est anéantir le protestantisme. L'un serait-il plus juste que l'autre ?

On reproche à la religion chrétienne de n'être

pas tolérante, car c'est toujours à elle qu'il faut imputer les torts de ses ministres : la philosophie l'est-elle beaucoup plus ? Elle a paru l'être tant qu'elle était faible, et qu'elle avait quelque chose à craindre de la part du gouvernement; mais lorsqu'elle est devenue assez forte pour n'avoir plus rien à redouter, et pouvoir impunément tout braver, elle a bien changé de conduite. Et si la religion a servi de prétexte (de prétexte seulement) à faire verser le sang des hommes, la philosophie a prouvé que l'on pouvait aller beaucoup plus loin : elle est toute prête à le prouver encore.

Injurier, traiter de vagabonds les successeurs de ces hommes qui, au péril de leur vie, portèrent chez les sauvages de l'Amérique et de l'Afrique, avec une religion de paix, les principes de la civilisation, adoucirent leurs mœurs féroces, changèrent leurs coutumes barbares, et firent abolir les sacrifices de sang humain, est une chose qui ne doit pas étonner; depuis vingt-huit ans nous avons eu le temps de nous y habituer. Mais ne devait-on pas laisser ce soin à quelque philosophe, à quelque orateur qui autrefois aurait appartenu au culte catholique, ou du moins qui serait né dans cette religion? On en trouve mille pour un qui s'en serait chargé avec plaisir. Pourquoi le commettre à un protestant ? ceci n'est ni sage ni adroit. Qu'on se rappelle la conduite d'un député à l'Assemblée constituante qui, soit dit en passant, a tout détruit et a fort peu reconstruit. Ce député voulait se charger de faire le rapport sur l'abolition de la noblesse; il n'était pas noble, et un pareil rapport avait de quoi le flatter agréablement. Cependant, sur l'observation qui lui fut faite par un de ses collègues, mais qui appartenait au corps de la noblesse, qu'il n'était pas convenable que ce fût un roturier qui se chargeât d'une pareille commission; que son zèle pourrait être, par des gens mal-intentionnés ou malins, *il s'en trouve encore de tels parmi nous*, pris pour de la jalousie, de la haine ou de la vengeance; ce député se désista de sa demande, et son noble collègue fit lui-même le rapport. Une telle modération est digne des plus grands éloges; elle aurait bien dû être imitée par le protestant qui a débité de si grosses injures contre les missionnaires catholiques. C'est une petite faute qu'il faut lui pardonner; le zèle n'est pas toujours accompagné de la prudence: et puis, n'étant devenu Français que par circonstances et depuis peu de temps, il ignorait, peut-être, que la nation française tenait encore aux convenances, et souffrait avec peine qu'on se permît d'y manquer.

Si les missionnaires prêchent la désobéissance aux lois de l'État, à la Charte constitutionnelle, l'insubordination, le manque de respect au Roi, aux magistrats chargés d'administrer ses sujets, il faut, sans hésiter, les traduire devant les tribunaux, comme perturbateurs du repos public, et provocateurs à la révolte et au renversement du gouvernement existant. Mais s'ils se bornent à répandre dans les cœurs la morale évangélique à peine connue aujourd'hui; à prêcher sur les dogmes d'une religion qui, aux termes de la Charte, est celle de l'État; s'ils cherchent à renverser par une saine logique les fausses doctrines de la philosophie moderne : Philosophes, qu'avez-vous à dire? Ils vous ennuyent : n'allez pas les entendre, rien ne vous y contraint. Ils veulent rétablir la croyance en Dieu que vous avez presque fait oublier : voilà vraiment un grand crime !

Nos philosophes révolutionnaires se sont souvent servi, et avec avantage, de la calomnie; leurs disciples et successeurs en reconnaissent aussi l'utilité; seulement ils paraissent avoir oublié qu'il faut y joindre un peu d'adresse, au moins dans quelques circonstances.

A quoi bon des missionnaires dans un pays tout chrétien, disent quelques philosophes? Pourquoi, s'écrient quelques autres, le gouvernement permet-il que l'on vienne nous prêcher une morale usée, une religion tombée de vétusté, et qui ne pourra jamais être relevée? Si ces Messieurs ne sont pas d'accord sur les faits, du moins on ne leur reprochera pas de ne pas s'entendre pour empêcher la prédication; il est clair qu'ils ne veulent ni que l'on répare ni que l'on réédifie.

L'acharnement contre les missionnaires ne prouverait-il pas que, dans les pays où ils ont passé, ils ont fait un peu de tort à la philosophie révolutionnaire ? Si cela était vrai, on concevrait cet acharnement; mais s'il n'en était rien, de quoi se plaint-on?

Qu'est-ce que le serment? C'est un engagement solennel, pris à la face de Dieu et des hommes, d'exécuter ponctuellement une promesse. — Ajoutez, s'il vous plaît, tant qu'elle ne nuira pas à nos intérêts, ou que nous ne serons pas assez forts pour oser y manquer ; car notre bonheur, auquel nous ne pouvons ni ne devons renoncer, marche avant tout; et il y aurait de la folie à sacrifier la plus petite portion de ce bonheur pour rester fidèle à un serment, quel qu'il pût être, et dont l'observation nous serait préjudiciable.

L'homme puissant se rit de ses serments comme de ses devoirs. Le faible est puni s'il manque aux uns et aux autres, quelquefois même s'il les remplit. Que faut-il en conclure? Malheur au faible!

Si un soldat abandonne ses drapeaux et passe à l'ennemi, il est puni de mort: cela est juste. Si des corps entiers abandonnent leur roi et vont avec leurs drapeaux joindre l'ennemi de ce roi, on trouve un grand nombre d'approbateurs de leur conduite. Je ne sais pas bien si cela est juste aussi; mais ce que je vois bien clairement, c'est que le soldat a grand tort de rester seul.

Si une secte de philosophes avait, en Europe, aboli l'esclavage, fondé des hôpitaux pour toutes les espèces de maladies et tous les genres d'infirmités; institué des ordres d'hommes et de femmes, uniquement destinés à nous soulager dans nos souffrances, à exposer sans cesse leur santé et leur vie pour prodiguer aux pauvres des secours que les riches ne peuvent se procurer qu'à grands frais; à s'imposer les plus dures privations pour fournir plus abondamment aux besoins des malades; à faire enfin divorce avec le monde et ses plaisirs, pour contracter une alliance indissoluble avec l'humanité souffrante ; si cette même secte avait, à l'époque de la chute de l'empire romain, lorsque tout annonçait le retour de l'ignorance et de la barbarie, recueilli avec des soins et des peines infinis les meilleurs ouvrages des philosophes, des historiens, des orateurs, des poètes, des naturalistes, des médecins, et sauvé ainsi les sciences d'une entière destruction; si par ses propres travaux, ses veilles et de sages leçons données à la jeunesse, cette secte de philosophes avait fait refleurir en Europe les lettres, les sciences et les arts, trouverait-on des expressions assez fortes pour la louer dignement ? ne serait-elle pas l'objet d'une éternelle admiration, d'une reconnaissance sans bornes? Mais c'est à la religion que nous sommes redevables de tant de bienfaits : cela nous dispense d'être reconnaissants, même d'être justes.

L'ingratitude est un vice du cœur. Il est d'autant plus dangereux qu'il peut dégoûter beaucoup de gens de faire le bien, en même temps qu'il peut faire naître le repentir dans le cœur de ceux qui l'ont fait.

L'exemple de l'ingratitude donné par les grands, est peut-être plus nuisible que ceux de l'ambition et de la vengeance. En effet, chaque citoyen ne possède pas comme eux les moyens de satisfaire ses passions, mais il trouve en lui tout ce qu'il faut pour être ingrat. L'imitation est plus à sa portée, plus facile.

L'ingratitude prend sa source dans l'orgueil; et voilà pourquoi, plus celui qui nous a obligé se rapproche de nous par son rang, ses dignités, ses richesses, plus la reconnaissance nous semble un fardeau pesant : c'est bien pis encore s'il est notre inférieur; mais si le bienfait part d'une personne tellement élevée au-dessus de nous qu'elle ne puisse être l'objet de notre envie, notre reconnaissance est pleine et entière. Nul ne se montre jaloux de l'astre qui nous échauffe et nous éclaire.

Si l'on trouve peu de gens qui paraissent reconnaissants, il est plus rare encore d'en trouver qui le soient réellement. Pour être véritablement reconnaissant, il faut avoir l'ame grande et élevée, capable de sentiments généreux : pour le paraître, il suffit de se contraindre; c'est une espèce d'hypocrisie.

A ne juger les religions que par le bien qu'elles ont fait aux hommes, et par la pureté de la morale qu'elles enseignent, quelle est celle qui pourrait être mise en comparaison avec le christianisme? Aucune assurément.

Pourquoi donc nos philosophes de moderne fabrique employent-ils tant de ruses, tant de mensonges, de calomnies pour la renverser, font-ils tant d'efforts pour la détruire? Pourquoi? Le voici: c'est que cette religion est la plus forte en preuves, et la plus généralement répandue sur le globe; qu'une fois anéantie, toutes les autres tomberaient d'elles-mêmes, et qu'ils auraient la satisfaction d'établir l'athéisme sur les ruines de ces religions, but auquel ils aspirent depuis près d'un siècle : c'est que le christianisme a fourni ces métaphysiciens profonds, ces grands orateurs, ces vrais philosophes qui ont démontré l'existence de Dieu et l'immortalité de l'ame, de la manière la plus claire et la plus positive, et réduit à l'absurde tous les athées passés, présents et à venir; et qu'il sera difficile d'arriver à effacer du cœur humain l'idée de la Divinité, tant que le christianisme conservera un reste de vie, et que ses ministres pourront rappeler à la mémoire des hommes les ouvrages immortels de tant d'illustres écrivains, ouvrages que l'on voudrait bien faire disparaître entièrement; car ils ne laissent pas d'embarrasser beaucoup: c'est qu'enfin cette religion prêche l'obéissance aux lois, la subordination aux gouvernements, et qu'elle tend à affaiblir l'ambition, la cupidité, l'orgueil, et tant d'autres passions dont on a besoin pour faire les révolutions.

Plus le genre humain vieillit, plus les sottises des hommes se multiplient; chaque siècle veut l'emporter sur celui qui l'a précédé, et il y réussit. La somme sera bientôt si considérable, qu'il sera difficile de l'augmenter; et nous pourrons nous vanter d'avoir, dans l'espace de trente ans, fait plus que nos ancêtres dans quatre siècles.

Vouloir mettre la philosophie et la médecine à la portée du peuple, sont deux erreurs également dangereuses. Si les hommes habitués à l'étude de ces sciences abstraites, et qui en ont appris les principes, sont sujets à se tromper dans leur application, dans quelle erreur ne tombera pas le peuple à qui ces principes sont étrangers, et qui n'a pas l'habitude de réfléchir et de méditer? On trouve des gens qui appellent cela éclairer les hommes; n'est-ce pas plutôt troubler leur vue et les tromper? Mais qu'importe, si par ce moyen on vient plus sûrement à bout de gagner leur confiance et de les conduire. Charlatanisme politique et charlatanisme médical, sont fort à la mode aujourd'hui.

Des mœurs irréprochables, l'étude des merveilles de la nature, celle de la morale, qui doit servir à l'homme de règle de conduite et assurer ici-bas son bonheur; l'étude de la politique, dans la vue de découvrir l'espèce de gouvernement la plus propre à chaque peuple, d'après la connaissance de son caractère, de sa législation, de sa position topographique et de sa population, et, par-dessus tout, une ferme croyance en Dieu, distinguaient autrefois les philosophes; aujourd'hui, on l'est à bien meilleur marché : il suffit de renier Dieu, d'injurier le christianisme, et de prêcher l'insubordination et la licence sous les noms d'égalité et de liberté.

Les anciens philosophes ne recevaient ce titre honorable que dans la maturité de l'âge, et après avoir long-temps étudié, réfléchi, médité : nous autres, nous prenons cette qualité en sortant du collége ; nous sommes philosophes à vingt ans.

L'âge mûr et la vieillesse étaient jadis écoutés de la jeunesse avec cette attention et ce respect que l'on doit à qui a beaucoup appris, beaucoup vu, beaucoup réfléchi. Aujourd'hui, non-seulement on ne les écoute plus, mais il leur est défendu de parler, s'ils ne veulent être couverts de ridicule : c'est la jeunesse qui se charge de leur apprendre à penser, agir et parler.

Quiconque avait, durant vingt ans, pâli sur ses livres, médité sur les meilleurs ouvrages des anciens et des modernes, étudié, dans l'histoire, les lois, les mœurs et les usages des différents peuples, osait à peine, dans une discussion sérieuse, proposer quelques doutes ; maintenant il suffit de quelques années de collége, de la lecture de quelques philosophes modernes, de quelques écrits périodiques et semi-périodiques, pour vouloir donner le ton dans la société, et trancher du grand homme.

Jeunesse et modestie marchaient ensemble : la philosophie moderne les a séparées, et a donné pour compagnes à la première, la présomption et l'orgueil.

Voulez-vous avoir une juste idée de la présomption, du ton dogmatique et tranchant de la plupart de nos jeunes gens, entrez dans le petit club présidé par Protagoras. Ecoutez discourir ces philosophes, dont le plus âgé n'a pas vingt-quatre ans ; ils y passent en revue, non les écrivains de l'antiquité, dont ils connaissent tout au plus les noms, mais ceux du dernier siècle, mieux connus, et qui ont été leurs guides dans la carrière philosophique.

DIAGORAS.

Diderot avait bien commencé son *Système de la nature* : ses raisonnements étaient de la plus grande force. C'est à lui que nous sommes redevables de ne plus croire en Dieu ; mais il a gâté son ouvrage par la prière qui le termine, et qui fournit à quelques croyants l'occasion de dire que l'auteur n'est pas lui-même convaincu de la vérité de son système.

ANAXAGORAS.

Il faut lui pardonner cette faute, qui tient à quelques vieux préjugés reçus dans son enfance, et dont il n'a pas su se débarrasser entièrement ; peut-être aussi cette prière que nous lui reprochons, est-elle un correctif mis à dessein, pour ne pas trop effaroucher contre des vérités nouvelles, un peuple encroûté de la croyance en Dieu, et par conséquent fanatique et intolérant. Plaignons-le de n'être pas venu au monde cinquante ans plus tard ; s'il écrivait aujourd'hui, n'étant plus retenu par un tel obstacle, il irait aussi loin que nous, et son immortel ouvrage ne serait pas gâté par cette espèce de capucinade.

LUCRÈCE.

Vous avez raison : au surplus, Helvétius, dans son ouvrage posthume, *Vrai sens du Système de la nature*, a bien réparé cette faute. Comme cet imbécille de Clarck y est solidement réfuté! En vérité, cet ouvrage est un chef-d'œuvre qui, selon moi, n'est pas assez connu ; nous devrions le faire réimprimer et distribuer dans toutes les municipalités de la France, pour l'instruction de nos concitoyens. L'instant serait favorable : quelle meilleure réponse à tous les sots discours des fanatiques, qui osent dire et écrire qu'on ne peut se passer de religion? Mais que direz-vous de Mably? J'aime assez sa manière d'opposer une passion à une autre : voilà ce qui s'appelle bien connaître le cœur humain.

DIAGORAS.

A la bonne heure, mais comment souffrir qu'il regarde le célibat comme une vertu d'un ordre supérieur, qu'il s'élève contre le luxe et la mollesse, et surtout qu'il rabaisse l'esprit humain jusqu'à lui vouloir persuader l'existence de Dieu et la nécessité d'une religion? Je fais quelque cas de son *Traité des droits et devoirs du citoyen;* on y rencontre çà et là quelques idées vraiment philosophiques. Quant à ses *Observations sur l'Histoire de France,* il y a de quoi mourir d'ennui en les lisant, et je n'ai jamais pu en lire plus de deux pages. On vante son *Traité du droit public de l'Europe,* je ne le connais pas; cet ouvrage doit être loin de nos lumières, en politique; il devait tout au plus être bon pour nos pères, dont les vues étaient fort étroites.

ANAXAGORAS.

Je ne sais pas si vous pensez comme moi, Messieurs, mais je place J.-J. Rousseau au premier rang parmi nos écrivains. Comme il peint l'amour !

LUCRÈCE.

Oui, mais c'est un sophiste ridicule, quand il ne veut pas que nous sortions de la vie alors qu'elle nous déplaît.

DIAGORAS.

Ajoutez, s'il vous plaît, un sot, qui a fait l'*Eloge de Jésus-Christ et de l'Evangile.*

LE PRÉSIDENT.

Messieurs, transportons-nous au temps où écrivaient ces grands hommes, et n'exigeons pas d'eux tout ce que la postérité aura droit d'exiger de nous ; si leurs ouvrages offrent quelques erreurs, présentent quelques lacunes, c'est à nous qu'il appartient de redresser ces erreurs, de remplir ces lacunes. Aux connaissances, aux lumières du siècle dernier, ne réunissons-nous pas toutes celles que notre heureuse révolution nous a procurées, et, par-dessus tout cela, celles qui nous sont propres ? Achevons donc ce que nos prédécesseurs n'ont fait qu'ébaucher, et nos concitoyens nous de-devront le précieux avantage d'être bientôt débarrassés de tous les vieux préjugés qui trop long-temps ont gouverné le monde.

N'ignorant pas les bornes étroites de notre intelligence, et le petit nombre de nos connaissances positives, les philosophes des siècles précédents restaient souvent dans un doute raisonnable et modeste : rien n'est douteux pour nous ; ce que nous n'entendons pas, ou qui choque nos opinions, nous le nions ; ce que nous voulons faire croire, nous l'affirmons ; si quelqu'un a la hardiesse de nous contredire, nous l'injurions.

La philosophie n'a-t-elle pas fait de grands progrès ?

La philosophie des anciens nous faisait mépriser la fortune et les grandeurs : celle d'aujourd'hui nous les fait rechercher ; elle est le chemin qui y conduit : notre philosophie n'est-elle pas la véritable ?

On nous répète sans cesse que l'esprit humain se perfectionne tous les jours : nous valons donc mieux que nos pères ? Nous sommes donc moins ambitieux, moins orgueilleux, moins cupides ? S'il n'en était pas ainsi, en quoi consisterait ce perfectionnement ? Nous prions nos philosophes de nous l'apprendre.

L'ancienne philosophie avait fait alliance avec la religion. Toutes deux voulaient rendre les hommes plus vertueux, et partant plus heureux ; la nouvelle philosophie s'en est séparée : c'est tout simple, elles n'ont ni les mêmes vues, ni les mêmes intérêts.

Point de philosophie sans logique. Quelle est donc celle qu'ont adoptée nos philosophes ? est-ce celle d'Aristote, celle de Dumarsais, ou la logique de Condillac ? Non. Laquelle donc ? La leur.

Si le propre de la logique est de rendre le jugement droit et juste, combien compterait-on de logiciens parmi nos philosophes ?

On assure qu'un des chefs de la secte des philosophes athées, a fait élever sa nièce et sa pupille dans les principes de la religion chrétienne. Quelle inconséquence ou quel aveu !

Les philosophes modernes s'accordent-ils toujours en matière de législation, de politique et de morale ? Oh non, ce serait trop exiger ; mais s'il s'agit de travailler au grand œuvre de la destruction de la religion et du renversement des trônes, ils votent à l'unanimité : on n'est pas plus d'accord sur les principes.

Un philosophe, de ceux qui n'étaient pas encore arrivés au plus haut degré de la science, effrayé du précipice vers lequel on l'avait entraîné, osa abandonner la secte et faire hautement l'aveu de ses erreurs. N'est-il pas évident que ses organes étaient affaiblis, que ses facultés morales étaient en baisse ? Cependant on a de lui d'excellentes critiques littéraires faites pendant et après son abjuration ; ce qui ne s'accorde pas aisément avec l'idée d'un affaiblissement de ses facultés intellectuelles. Eh bien, c'est un hypocrite, un tartufe ; mais on ne le devient que par l'espoir d'un avantage quelconque, honneurs, pensions, places, et cet homme n'a rien demandé. C'est donc un fou, un enragé : tant mieux, Messieurs les philosophes, vous aurez moins de mal à réfuter tout ce qu'il a dit et écrit contre vous. Bon! argumente-t-on contre un insensé?

Les philosophes de toutes les sectes, de tous les pays, de tous les temps, sont convenus que l'on ne devait admettre, comme propriétés essentielles des corps, que les propriétés sans lesquelles on ne pouvait avoir une idée claire et distincte de l'existence de ces corps. C'est ainsi qu'ils n'ont reconnu comme propriétés essentielles de la matière que les trois suivantes, longueur, largeur et profondeur, parce qu'en effet on n'a plus aucune idée claire et distincte de la matière, si on lui retranche par la pensée quelqu'une de ces trois propriétés. Il était réservé à l'auteur du *Système de la nature* de la doter d'une quatrième, qui est le mouvement. C'est en vain qu'on lui crie de toutes parts: philosophe, tu te trompes! le mouvement n'est pas une des propriétés essentielles de la matière, car nous avons de la matière en repos, une idée claire et distincte, le mouvement dont elle jouit lui a été comuniqué : rien ne l'arrête; partant de ce faux raisonnement, comme d'une vérité mathématique, il construit son univers des athées, et déclare hautement qu'il n'y a pas de Dieu, et livre le monde à la puissance du hasard.

Nous pensions que la vertu était cette tendance à faire ce qui est juste et utile à l'humanité. Point du tout; nous dit Helvétius, la vertu n'est autre chose que la pratique des actions utiles à la société dans laquelle nous vivons.

Il est clair, d'après ce principe, que Thémistocle, proposant de brûler la flotte des alliés d'Athènes pour rendre son pays plus puissant, est un homme très vertueux, Aristide un sot, et les Athéniens un peuple d'imbécilles.

De cette définition de la vertu donnée par Helvétius, il résulte qu'elle varie selon les climats et la température, sur les montagnes, dans les plaines, au bord des fleuves et sur les rivages de la mer, toutes choses qui influent plus ou moins puissamment sur la législation, les mœurs, les usages et les intérêts des peuples. Ce n'est donc plus dans l'Évangile et les ouvrages des moralistes qu'il faut apprendre à devenir vertueux; il suffit d'une mappemonde.

Pour nous prouver que la vertu varie selon les temps, les lieux et chez les différents peuples, on cite l'exemple de sauvages qui tuent leurs parents infirmes pour leur éviter les fatigues de la guerre ou de la chasse. N'y aurait-il pas là une petite erreur, une surprise bien innocente sans doute? Au lieu de nous donner comme des actes vertueux d'horribles assassinats, ne serait-ce pas le principe qui fait agir les Caraïbes qu'il aurait fallu nous présenter comme une vertu ? Que veulent-ils en effet ? Éviter des souffrances à leurs parents; l'intention est louable. Comment s'y prennent-ils pour la remplir ? Fort mal assurément. C'est bien ici le cas de la fausse application d'un principe bon et juste en lui-même.

Comment un philosophe a-t-il pu s'y méprendre ? Se peut-il qu'un homme grave débite sérieusement de pareilles inepties ?

Un écrivain fort éloquent, et qui a fait secte parmi les philosophes du dix-huitième siècle, avait entrepris la réfutation des nombreux sophismes des livres de l'*Esprit*, et de l'*Homme et de son Éducation*; si la tâche n'était pas très difficile, elle était du moins fort longue. Il a été détourné de cette utile entreprise par les poursuites dirigées contre l'auteur de ces ouvrages.

Cette conduite peut paraître généreuse, mais elle n'est pas très philosophique.

L'avantage de la société ne devait pas être sacrifié à des considérations particulières ; l'homme passe, les écrits restent, et malheureusement avec eux tout le mal qu'ils ont fait et peuvent faire par la suite des temps.

Il était d'ailleurs facile de concilier, dans une

pareille réfutation, ce que l'on doit d'égards au malheur avec ce qui est dû à la vérité et au bonheur des hommes.

On vante beaucoup les lumières de notre philosophie : à quoi peut-on les comparer ? Est-ce à celles de cet astre brillant que Dieu a créé pour éclairer le monde, animer et vivifier tout ; ou bien à ces lueurs phosphoriques, à ces feux follets nés dans les domaines de la mort et de la putréfaction, et plus propres à égarer le voyageur qu'à le guider ?

Un philosophe anglais (il en savait bien moins que les nôtres) a dit : un peu de philosophie empêche de croire en Dieu, beaucoup de philosophie ramène à lui. De quelle philosophie, Milord, voulez-vous parler ? Serait-ce de la nôtre ? Vous seriez dans une grande erreur. On n'est pas plus philosophes que nous, et Dieu sait si nous croyons en lui.

On prétend qu'il faut que le peuple soit éclairé. Expliquons-nous. Si l'on veut dire qu'il faut lui donner les connaissances nécessaires pour le rendre et meilleur et plus heureux, j'y consens, et avec moi tous les gens sensés. C'est ainsi qu'il faut lui apprendre : 1°. sa religion et la morale qui en découle ; 2°. à lire, écrire et compter ; 3°. lui donner une pleine et entière connaissance de la loi fondamentale de l'État, mais sans les conséquences que certaines gens en veulent déduire; 4°. faire connaître aux enfants destinés un jour à cultiver les terres, les meilleurs procédés d'agriculture, et aux fils des artisans la connaissance des meilleurs procédés des arts mécaniques. Mais si l'on voulait faire un peuple de raisonneurs et de philosophes, et nous avons vu que pour être philosophe à notre manière, il suffisait de renier Dieu, décrier la religion et prêcher l'insubordination et la licence, alors nous ne voudrions plus entendre parler du besoin d'éclairer le peuple, et, n'en déplaise aux propagateurs des lumières, tous les gens sensés seraient encore de notre avis. C'est à Messieurs les philosophes à s'expliquer clairement sur une question à laquelle sont liés la tranquillité du royaume et le bonheur des citoyens.

Nous avons découvert dans le vinaigre, à l'aide du microscope, des espèces de petites anguilles; dans les vieux papiers et les vieux cartons des vers que nous ne soupçonnions pas y être, et que jusqu'ici nous n'avons pas encore aperçus dans la nature, ailleurs que dans ces produits des arts. Ce vinaigre, ce papier, ce carton, il dépend de nous de les faire ou de ne les pas faire. Philosophe, qu'en veux-tu conclure? Serait-ce que l'homme a la puissance de créer à volonté de nouvelles espèces d'animaux? Mais cette puissance suppose également celle de s'abstenir de créer. Fais-moi donc du vinaigre, du papier, du carton, dans lesquels il n'y ait pas de ces animaux que tu regardes comme tes créatures; puis après, nous discuterons. Tu prétends qu'ils n'existent nulle part que dans ces produits des arts? c'est être bien confiant dans tes lumières et tes connaissances! Tu crois donc connaître tout ce qui a vie dans l'air, sur la terre et sous les eaux? Tu as donc examiné attentivement les innombrables végétaux qui couvrent la surface du globe, leurs feuilles, leurs fleurs, ainsi que leurs fruits et leurs racines? Tu les a donc suivis depuis l'instant de leur naissance jusqu'à celui de leur mort et de leur décomposition; étudié le suc de leurs fruits dans l'état de parfaite maturité, comme dans ceux de fermentation acide et de fermentation putride? Mais comment cela pourrait-il être vrai, si tu n'as pas pénétré dans tous les déserts de l'Afrique, si tu n'as parcouru qu'une faible partie des immenses forêts de l'Amérique, enfin s'il reste encore des contrées entièrement inconnues des voyageurs? Philosophe, un peu de modestie, elle convient même au vrai mérite. Mais, en supposant que tes connaissances s'étendent aussi loin que tu voudrais le faire croire, que me prouves-tu par la découverte de ces animalcules? Rien, absolument rien, en faveur de l'opinion que tu cherches à établir, et qui est aussi impie que ridicule.

La question du luxe a été agitée, débattue par les philosophes de toutes les sectes. Tous l'ont considérée comme une des principales causes de la chute des empires. Ils ont prouvé que c'est un mal contagieux qui se communique des premières aux dernières classes de la société; qu'il ajoute à nos besoins naturels des besoins factices, dont nous ne pouvons plus nous dispenser; qu'il donne un nouveau degré d'activité à l'ambition, à la cupidité, à l'orgueil et à plusieurs autres passions déjà trop fortes; qu'il énerve le courage des guerriers et leurs forces physiques, en les habituant à une vie délicate et molle, entièrement opposée à la vie dure et à l'habitude des privations si nécessaires dans les camps. Ces mêmes philosophes ont également prouvé, l'histoire à la main, que le luxe des successeurs de Cyrus, et peut-être même l'exemple pernicieux de ce grand prince, donné à ses sujets vers la fin de son règne, avaient préparé à Alexandre la conquête de ce vaste Empire; que le luxe de l'Asie, introduit à Rome après la défaite d'Antiochus, avait produit tous les maux qui ont accablé depuis la république, et l'ont conduite à sa perte. Mais qu'ils sont faibles ces raisonnements, et que ces preuves sont peu concluantes si on les compare à la logique d'Helvétius ! Il est cependant un philosophe de la même force que l'on pourrait lui opposer. Ce philosophe, c'est lui-même. Dans le livre de l'*Esprit*, ch. III., Helvétius nous dit que le luxe est nuisible aux sociétés ; dans celui qui a pour titre de l'*Homme et de l'Éducation*, ch. V., il prétend le contraire.

Comment concilier deux opinions aussi opposées ? A quoi faut-il s'en tenir ? Certainement on ne peut pas soupçonner un aussi grand philosophe d'être tombé dans une si étrange inconséquence.

Voici l'explication la plus juste et la plus philosophique que nous croyons qu'il soit possible de donner de cette apparente contradiction.

Le livre de l'*Esprit* a précédé celui de l'*Homme et de son Education* : l'esprit humain, qui va toujours en se perfectionnant, n'a pas dû s'arrêter dans un homme tel que cet écrivain ; il a nécessairement fait de grands progrès depuis le moment où il a écrit le premier de ces ouvrages, jusqu'à celui où il a travaillé au second. Donc c'est le second qui fait autorité, donc c'est lui qu'il nous faut croire.

Les écrivains du dernier siècle ont blâmé avec raison les gens de lettres qui, dans l'espoir d'obtenir des récompenses, prodiguent aux Rois et aux grands du monde les éloges et la flatterie. Flatter le peuple, est-ce une action plus conforme à la sagesse et à la raison? Cette action a-t-elle des conséquences moins fâcheuses? Interrogeons la révolution; c'est à elle qu'il appartient de lever nos doutes à cet égard: puis après, nous demanderons aux philosophes qui ont flatté et flattent encore le peuple, s'ils ont bien bonne grâce à s'élever contre les flatteurs des rois et des grands.

Quelques écrivains ont peint l'homme avec tous ses défauts et tous ses vices. Ils ont été regardés comme des espèces de misanthropes, au caractère sombre et mélancolique. D'autres en ont fait une peinture toute différente; ils ont représenté l'homme tel qu'il devrait être: on regarde ces derniers comme les vrais amis de l'humanité. Pauvres humains! préférerez-vous toujours la flatterie à la vérité, le faux à la réalité, le masque à la figure? Si les ouvrages de ces premiers écrivains n'ont pas rendu l'espèce meilleure, du moins ils ont pu servir à corriger quelques individus : on demande à qui les ouvrages des seconds ont été utiles ?

Ce n'est pas le roman du cœur humain qu'il faut faire, c'est son histoire qu'il faut tracer, si l'on veut être utile aux hommes.

Les mauvaises doctrines d'une fausse philosophie conduisent aux révolutions. Les révolutions conduisent à la régénération des peuples ou à leur perte. Oserait-on dire que la France se régénère? Non. Où donc va-t-elle?

La vraie philosophie élève l'ame, échauffe l'imagination, fournit de nobles et grandes pensées : la fausse philosophie, en attribuant tout à un hasard aveugle, en ne voulant voir partout que la matière, abaisse l'ame, éteint l'imagination, rapetisse toutes les idées.

Si la vraie philosophie conduit à la religion, qui en est la fin et le complément, où mène la philosophie de nos jours? Au trouble, au désordre, à la dissolution de la société.

Dans le siècle des lumières, lorsque l'esprit humain fait chaque jour des pas de géant vers la perfection, ne devrait-on pas voir des milliers de poètes bien supérieurs aux Racine, aux Molière, aux Boileau? Des penseurs bien autrement profonds que Pascal, des métaphysiciens beaucoup plus forts que Locke? Comment se fait-il donc que nous ne puissions trouver ni poètes qui approchent de ceux que nous venons de nommer, ni métaphysiciens, ni penseurs (j'en demande pardon à nos philosophes) qui soient dignes d'être comparés aux grands hommes qui viennent d'être cités? Il y a là-dedans quelque chose que nous ne pouvons concevoir.

Depuis soixante ans les sciences physiques ont fait de grands pas vers leur perfection, les sciences morales en ont fait de rétrogrades. La philosophie moderne voudrait bien pouvoir s'attribuer les uns et se justifier des autres. L'un est aussi difficile que l'autre.

C'est par des observations bien faites que les sciences marchent vers leur perfectionnement.

Les expériences sont aussi fort utiles, lorsqu'elles sont faites avec un esprit dégagé de toutes préventions, de toutes passions, et que l'on ne veut voir dans chacune d'elles que ce qu'elle indique clairement. Malheureusement, pour une expérience faite avec les conditions requises, on en compte cent qui péchent par quelque endroit, ou qui n'ont été entreprises que pour appuyer un système, et sont ainsi plus nuisibles qu'utiles à l'avancement des sciences. Que d'expériences bonnes à être refaites!

Il n'est pas donné à tous les hommes d'observer. Il n'appartient qu'à un bien petit nombre de faire des expériences. Cependant tout le monde croit avoir le génie de l'observation, et pense être propre à faire des expériences. Faut-il s'étonner, d'après cela, si nos nombreux auteurs regorgent d'observations mal faites et d'expériences fautives?

La philosophie des anciens n'a jamais porté le désordre dans les états; cependant elle se divisait en plusieurs sectes : on disputait dans les écoles, on n'était pas d'accord sur certains principes, mais on l'était sur la nécessité de croire en Dieu, sur le besoin de religion, sur la vérité et l'excellence de morale, enfin sur tous les principes fondamentaux et conservateurs.

La nôtre a troublé et troublera encore l'Europe, elle a produit notre épouvantable révolution, et très probablement, si on n'y met empêchement, en occasionnera de nouvelles. Cependant nos philosophes disputent peu, ils vivent dans la plus douce fraternité, ils ont adopté les mêmes principes, conspirent également à une même fin, à un même but : les hommes s'entendent-ils mieux, sont-ils plus aisément d'accord, lorsqu'il s'agit de faire le mal que quand il est question d'opérer le bien ?

Jadis nos poètes, nos orateurs, nos grands écrivains attendaient dans un respectueux silence le jugement que porterait le public sur leurs ouvrages et leurs discours ; les plus maltraités se bornaient à appeler du jugement de leurs comtemporains à celui de l'équitable postérité. Maintenant chacun se fait juge de son talent ; et si le public a le malheur de blesser dans un jugement défavorable la sensibilité exquise d'un écrivain, soudain celui-ci se répand en injures, et assure que ce public n'est pas capable d'entendre une seule phrase de ses discours et de ses écrits. Ceci ne ressemble pas mal à la colère ridicule d'un enfant gâté.

Fonder la morale sur la crainte de Dieu, qui ne peut ni se tromper ni être trompé ; sur l'immortalité de l'ame, la récompense des bonnes actions et la punition des crimes dans une autre vie, était une idée bien puérile et bien dépourvue de sens. L'asseoir sur la crainte de la mort, qui termine à jamais les souffrances du coupable ; sur l'estime ou le mépris des hommes, aussi sujets à se tromper eux-mêmes qu'à être trompés par leurs semblables : voilà un bon système philosophique ! Il y a tant à gagner pour la société, en l'admettant, que l'on doit être surpris que tous les gouvernements du monde ne se soient pas empressés de le faire prêcher publiquement, ce moyen étant plus expéditif que d'en confier le soin à nos philosophes, occupés aujourd'hui de beaucoup d'autres soins non moins importants.

Si l'on veut avoir de la politique une idée claire, il faut la définir la morale du gouvernement : or comme il n'y a pas une morale particulière pour chaque classe de la société, il s'ensuit que la politique n'est que l'application de la morale universelle faite aux peuples par ceux qui les gouvernent. L'usage des petites finesses et des coups d'autorité est rarement avantageux, même pour le présent, à ceux qui s'en servent; ils nuisent toujours pour l'avenir. Quand ils ne feraient que répandre des doutes sur la bonne foi, la franchise et l'esprit de modération du gouvernement, mécontenter les citoyens et réveiller l'attention des nations voisines, souvent portées à la jalousie ou à la haine, il faudrait s'en abstenir. Un gouvernement fort n'en a pas besoin, un faible n'acquerra pas de forces en se servant de pareils moyens. Justice, fermeté, bonne foi, sage administration, inviolable attachement aux lois : voilà la source où il faut en aller puiser.

La science du gouvernement suppose la connaissance des lois. L'étude des lois devrait donc entrer comme partie essentielle dans l'éducation des princes ; et comme la théorie n'est pas d'une grande utilité, si l'on n'y joint des connaissances pratiques, il faudrait de bonne heure les initier dans l'administration, afin qu'en montant sur le trône ils ne soient pas forcés de s'en rapporter aveuglément à leurs ministres. Cette initiation ne peut offrir aucun danger, puisqu'elle n'entraîne ni droit ni autorité.

Les gouvernements despotique, monarchique pur, monarchique constitutionnel, aristocratique ou démocratique, chez quelque nation qu'ils soient établis, ont chacun leurs principes qui sont fixes et invariables. La différence des religions, des mœurs, de la position topographique, n'en peut apporter dans l'esprit du gouvernement. Les lois relatives au commerce, à l'agriculture, à la perception de l'impôt, et beaucoup d'autres encore, peuvent varier, mais non ce qui a trait à l'essence du gouvernement.

Montesquieu a dit que le mobile des républiques était la vertu, et celui des monarchies, l'honneur. Montesquieu n'a-t-il pas voulu parler de ce qui devrait être, plutôt que de ce qui est réellement? Combien citerait-on de républiques qui ont pour toute vertu, l'esprit d'intrigue et la mauvaise foi; et de monarchies dans lesquelles l'ambition, la cupidité, l'amour du changement et l'infidélité, occupent la place de l'honneur!

Prétendre qu'une illustre famille qui occupe depuis plusieurs siècles un des plus beaux trônes de l'Europe, a dégénéré de ses ancêtres, et qu'elle est pour ainsi dire usée, c'est une petite calomnie fort à la mode aujourd'hui : on voit facilement et son but et sa fin. Mais voudrait-on bien nous dire ce que l'on entend par cette dégénérescence? Entend-on parler de la constitution physique? Oh non! l'imposture serait trop grossière. C'est donc des facultés intellectuelles? Avoir, pendant vingt-cinq ans, voyagé chez les principaux peuples de l'Europe, étudié et le caractère et les mœurs et la législation de ces peuples ; avoir appris à connaître ce qu'il y a de bon et de mauvais dans presque toutes les formes de gouvernemens connus, devrait être un préjugé assez favorable en faveur de cette famille, si l'on voulait être de bonne foi. On convient de l'étendue des lumières et de la haute sagesse du chef de cette famille, le seul qui, jusqu'à ce moment, ait été en position de faire briller et ces lumières et cette sagesse, et l'on condamne irrévocablement tous les autres, sans vouloir même leur permettre de montrer leurs talents et leur capacité : sont-ce là les principes de l'équité? Est-ce là cette antique loyauté, apanage de la nation française, ou n'est-ce pas plutôt le comble de l'iniquité, l'opposé du bon sens et de la raison? Ne serait-il pas plus naturel de dire aux rois de l'Europe: vous avez ressuscité le vieux système de la légitimité, votre sainte alliance nous déplaît, elle dérange nos projets, nous gêne dans nos opérations: renoncez à tous ces préjugés, bons pour les siècles passés, mais qui ne sont plus en harmonie avec les lumières et la philosophie du siècle, sinon . . . Il y aurait au moins là de la franchise.

Si le peuple voulait ou pouvait raisonner, ne regarderait-il pas le système de la légitimité comme aussi avantageux pour lui que pour la dynastie régnante? N'y verrait-il pas surtout, s'il possède un gouvernement représentatif, la garantie la plus sûre en faveur de son repos et de son bonheur? C'est une vérité qu'il serait aussi aisé de démontrer que de faire voir que deux et deux font quatre. Mais que peut-on prouver à des gens qui ne veulent ni voir ni entendre?

Vouloir établir une république chez un

peuple corrompu, habitué depuis quatorze siècles à vivre sous le gouvernement monarchique ; chez un peuple qui compte vingt-cinq millions d'habitants et possède un immense territoire, n'est-ce pas un vrai tour de force qu'il n'était permis qu'à nos philosophes d'essayer ? Si l'essai n'a pas été suivi d'un plein succès, est-ce leur faute, et peut-on les en accuser ? N'ont-ils pas employé les meilleurs moyens ? N'ont-ils pas fait couler des torrents de sang français ? Religion, vertus, lumières, grands noms, fortunes brillantes, n'ont-ils pas tout détruit, tout renversé, afin de déblayer le terrain et de construire à leur aise ? Comment n'ont-ils pas réussi ? Quelques-uns des leurs prétendent qu'ils n'ont pas encore assez nettoyé le sol ; il est vrai qu'il ne faut qu'une pierre défectueuse, laissée par mégarde dans les fondations d'un nouvel édifice, pour tout gâter. Croyons que s'ils recommencent cette belle construction, comme ils l'espèrent bien, croyons qu'ils seront plus heureux. Alors quel démenti donné à Montesquieu et à tous les publicistes anciens et modernes !

Que penser d'une nation qui, dans l'espace de vingt-huit ans, a changé six fois de constitution ; a quitté un gouvernement monarchique absolu, mais doux, pour passer au monarchique constitutionnel; a détruit ce dernier pour goûter du républicain, qu'elle a laissé pour le gouvernement consulaire, d'où elle est tombée dans le despotisme; et qui, depuis quatre ans, revenue à la monarchie constitutionnelle, s'agite encore pour changer!

Est-ce un cours de gouvernements qu'elle fait, ou des expériences pour l'instruction des autres peuples?

La forme actuelle du gouvernement de la France paraît convenir à beaucoup de gens qui, cependant, ont des principes, des opinions et des vues fort différentes. Elle paraît convenir aux uns; et c'est la masse des propriétaires, des cultivateurs paisibles et des commerçants raisonnables et qui ne sont pas dévorés d'ambition, parce qu'elle leur promet, avec une sage liberté, sûreté pour eux et leurs propriétés, et certitude de ne payer d'impôts que dans la juste proportion des besoins de l'État; qu'ils y voyent, avec un Monarque inviolable, des ministres qui répondront de leur administration.

Elle paraît convenir à d'autres, parce que ne voulant voir le gouvernement que dans son ministère, et comptant le Chef pour rien, ils espèrent déshabituer peu à peu la nation de ses rois, les lui faire oublier, et parvenir bientôt à les faire disparaître, pour se partager ensuite les places lucratives et les dignités d'une république. On voit que ces derniers ne veulent de ce gouvernement qu'en attendant mieux, et sous la réserve de leurs droits et prétentions. On donne aux premiers le nom de monarchistes, qui leur convient parfaitement. Les autres prennent différents noms, suivant les circonstances et les temps.

Ils se font quelquefois appeler constitutionnels (jamais royalistes-constitutionnels; le mot royaliste a quelque chose de dur, de désagréable qui blesse leurs oreilles). Plus souvent ils prennent celui d'indépendants, qu'ils ont été chercher dans les révolutions d'Angleterre, à une époque qui leur est chère. Ce nom est d'ailleurs plus significatif et plus en harmonie avec leurs opinions. Il est bien singulier qu'ils ayent renoncé à leur nom propre, celui de jacobins. Ils ont certainement grand tort : ce nom se rattache à de si beaux, à de si nobles et de si touchants souvenirs !

Pour abuser le peuple et lui faire prendre en aversion la monarchie et les monarchistes, on avait trouvé un excellent moyen : c'était de persuader au peuple que le gouvernement voulait rétablir les droits féodaux, dîmes, champarts, etc. Cette calomnie a merveilleusement réussi en 1815; mais de quelque succès qu'elle ait été suivie, quelque reconnaissance qu'on lui conserve, il n'est pas adroit de la mettre au premier rang dans toutes les attaques dirigées contre les monarchistes : c'est une arme excellente, mais un peu usée pour avoir trop servi, qu'il faut placer dans l'endroit le plus honorable de l'arsenal révolutionnaire, mais à laquelle il convient d'en substituer une autre. Allons! ferme, courage, Messieurs les Jacobins; inventez encore une bonne calomnie, votre intérêt vous y engage, et l'Europe attend avec impatience que vous lui donniez une nouvelle preuve de votre sagacité.

Que le peuple soit une fois la dupe des charlatans, cela se conçoit; mais qu'après avoir été leur victime, il retourne à eux et veuille prendre une seconde, une troisième fois de leur recette, voilà ce qu'on ne croirait jamais, si l'on n'en avait pas la preuve sous les yeux. Des jongleurs politiques, après avoir détruit une ancienne monarchie, promirent au peuple, qui avait vécu une longue suite de siècles sous cette forme de gouvernement, de le conduire à la liberté; et au lieu de cette liberté, ils le menèrent à travers le sang et les ruines, la terreur et l'anarchie, au plus affreux despotisme. Ils devaient le faire jouir de lois douces et sages; et leurs lois furent des lois atroces: d'une paix durable, ils le précipitèrent dans des guerres interminables. Sous leur règne, les vertus et les lumières devaient briller d'un éclat inconnu jusqu'alors; ils persécutèrent tous les hommes vertueux et éclairés : un bonheur inaltérable devait enfin résulter pour lui des travaux immortels de ces grands maîtres dans l'art de gouverner ; et il s'est trouvé précipité dans un abîme de malheurs. Qui ne croirait que ces méprisables charlatans, satisfaits de leurs rapines, mais honteux de leur ouvrage, ont été cacher leur honte et leurs richesses dans quelque coin de la terre où leurs noms seraient restés inconnus ?

Point du tout, plus hardis que jamais, ils élèvent la voix du milieu de leurs concitoyens, osent faire l'apologie de leur conduite, et réclamer comme une chose due, une confiance dont ils ont si cruellement abusé. Et le peuple? Le peuple; il est tout prêt à se jeter dans leurs bras. A quoi sert donc l'expérience?

Si l'insurrection des peuples a pour objet d'acquérir la liberté politique et religieuse, l'égalité des droits, la participation à la confection des lois et à la fixation de l'impôt, les jugements par jurés, quel prétexte reste-t-il donc aux peuples qui jouissent de tous ces avantages pour s'insurger de nouveau?

La liberté existe en France et de droit et de fait; pourquoi donc entendons-nous du milieu du peuple des milliers de voix s'élever pour la réclamer? Ne vaudrait-il pas mieux dire: nous, nous voulons de cette liberté dont nous jouissions sous le règne de la terreur, parce que nous pouvions piller, voler et assassiner impunément; nous autres, nous réclamons la liberté telle qu'elle existait sous le directoire, où chacun pouvait parvenir au gouvernement de l'Etat; car, avec notre savoir faire, nous arriverions infailliblement à être directeurs. Nous, enfin, c'est le despotisme que nous regrettons; nous l'exploitions avec tant de succès! Ce langage serait clair et intelligible : on saurait du moins ce que veulent tous ces mécontents.

Les grandes places, dans un état bien gouverné, appartiennent aux grands talents. Sur ce principe, combien compterait-on, en Europe, d'états bien gouvernés?

Dans les monarchies absolues, ce sont les favoris qui disposent des places; dans les aristocraties et les démocraties, les factions. On demande quel est le gouvernement dans lequel la raison, la sagesse et l'intérêt-général nomment aux emplois! La monarchie tempérée ou gouvernement représentatif, serait peut-être celui-là, si le peuple, les grands et le prince aimaient également la patrie; s'il y avait un esprit public, et si la législation, parfaitement en harmonie avec la constitution de l'État, opposait des obstacles insurmontables aux prétentions des factieux.

Une loi criminelle, quelque dure, quelque sévère qu'elle puisse paraître, n'est point injuste, dès qu'elle est obligatoire pour tous les citoyens sans distinction. La loi la plus douce est tyrannique, quand elle n'atteint que certaines classes.

Si les lois sont faites pour assurer le repos et procurer le bonheur des peuples, de quel nom faut-il appeler un acte législatif qui aurait sanctionné et perpétué un abus tout-à-la-fois contraire au bon sens, à l'équité et aux intérêts les plus chers d'une nation ; qui aurait osé confier la santé des citoyens à l'ignorance et à l'incapacité, par la seule raison que, durant trois années de troubles et de désordres, aucun frein, aucune barrière n'aurait été opposée au cours dévastateur de cette ignorance et de cette incapacité? (Art. 23 de la loi du 19 ventôse, an XI.)

Comment se fait-il qu'aujourd'hui on ne parle pas de revenir sur une pareille loi, qui est tout-à-la-fois la honte du gouvernement qui l'a proposée, et des assemblées qui l'ont acceptée?

Dans un gouvernement monarchique absolu, toute loi populaire, c'est-à-dire, toute loi qui donnerait au peuple des droits et des prérogatives incompatibles avec cette forme de gouvernement, serait mauvaise, parce qu'elle tendrait au changement de ce gouvernement. Dans une démocratie, la loi, qui concéderait à une classe particulière de citoyen, des prérogatives, des distinctions, serait dangereuse, parce qu'elle substituerait une espèce d'aristocratie au gouvernement existant. Dans le gouvernement représentatif, où les parts du Roi, des grands et du peuple, sont faites et l'équilibre bien établi entre les trois pouvoirs, chacun d'eux doit trouver dans toutes les lois de quoi se rassurer contre l'accroissement de puissance des autres; car s'il en existait une seule qui favorisât ou augmentât la puissance de l'un des trois pouvoirs, sans accroître celle des autres dans la même proportion, une pareille loi ne manquerait pas d'ébranler le gouvernement et miner la constitution. C'est à quoi doivent veiller soigneusement les hommes chargés de proposer et de discuter les projets de loi.

Les sujets sur lesquels on devrait discuter avec le plus de sang-froid et de prudence, et qui, par leur nature, semblent devoir repousser les passions, sont précisément ceux dans lesquels on fait voir le plus d'emportement, et où les passions se montrent en plus grand nombre et plus à découvert.

A voir le ton leste avec lequel certains hommes, chargés des intérêts les plus chers d'une nation, se rendent aux assemblées législatives, ne croirait-on pas qu'ils vont au spectacle ? A voir l'air sombre et farouche de quelques autres, ne les prendrait-on pas pour des conspirateurs qui vont au sénat de Rome pour renverser le trône de César ?

Pour un homme qui porte à la discussion des lois l'attention, la réflexion et l'amour du bien public, qui devraient être le partage de tous ceux qui sont chargés des nobles fonctions de législateurs, combien on en citerait qui se rendent à ces augustes assemblées avec une irréflexion et une légèreté vraiment scandaleuses, ou qui, avant d'entendre ce que l'on pourra dire pour ou contre un projet de loi, sont déterminés à voter ou contre ce projet ou en sa faveur !

On a fixé en France à l'âge de quarante ans l'époque où il est permis d'aspirer à faire partie de la chambre des députés appelés à discuter les projets de loi. Cet article de la Charte est certainement excellent ; mais ce qui vaudrait mieux encore, ce serait de faire en sorte que les têtes françaises fussent mûres à cet âge.

Le gouvernement représentatif est établi chez un peuple vif, spirituel, mais si léger ou si inconséquent qu'en vingt-huit ans il a changé six fois de gouvernement. Chez ce peuple, sur vingt personnes prises au hasard, on peut en trouver deux qui ont des principes fixes et conformes à la raison ; quatre qui en ont aussi de fixes, mais entièrement opposés à ceux des premiers; les quatorze autres n'en ont aucuns : l'opinion de ces derniers change selon le temps, le vent ou les nouvelles du jour. Ce peuple est-il bien propre à perfectionner le gouvernement représentatif? il le croit fermement, et voudrait le persuader aux autres peuples.

A mesure qu'un peuple avance dans la civilisation, que ses lumières augmentent, que les sciences et les arts se perfectionnent, son langage vieillit, certains mots n'expriment plus rien, d'autres n'ont plus de signification claire et précise, d'où résulte la nécessité de faire de nouveaux dictionnaires. On assure que l'on s'occupe d'en faire un de la langue française perfectionnée, et que les mots : Dieu, religion, foi, fidélité, subordination, ne s'y trouveront pas, comme n'ayant plus pour nous de signification. On avait pensé à retrancher aussi ces vieux mots gothiques : Rois, Royaumes, Princes, Principautés, mais l'idée en est venue trop tard. Dans une seconde édition on s'empressera de réparer cet oubli ; en attendant, la première nous fera connaître la nouvelle signification des mots : Principe, Morale, Vertus, Philosophie, Honneur, Liberté. Ce sera un grand service à rendre à ceux qui craignent, soit en parlant, soit en écrivant, de faire des solécismes, ou des barbarismes, et qui veulent s'exprimer de manière à être bien compris.

Il y a des hommes qui craindraient de ressembler à quelqu'un ; ils veulent passer pour originaux : ils ne pensent, ne parlent et n'agissent comme personne. Il en est d'autres, au contraire, qui ne savent qu'imiter ; le principe qui les fait mouvoir semble être placé dans autrui. De même on voit des nations qui se font gloire de ne ressembler à aucune autre, comme il en est qui s'empressent de faire tout ce qu'ont fait celles-là.

Une nation, qui vraiment ne ressemble à aucune autre, n'est parvenue à la liberté qu'après des troubles et des révolutions affreuses ; ces révolutions n'ont été regardées comme terminées qu'après l'expulsion de la famille qui occupait le trône. Une nation imitatrice s'est empressée de faire une révolution; elle a surpassé de beaucoup les crimes et les horreurs qui ont accompagné celles de son modèle; enfin, elle possède aujourd'hui ce qui a coûté tant de sang et de peines à la première, une douce et sage liberté avec un gouvernement représentatif. Elle n'est pas satisfaite; elle veut absolument imiter jusqu'à la fin, et jouer le dernier acte de la tragédie. On a beau lui représenter que les événements plus pressés, les scènes plus vives et plus rapides, ont réduit, pour elle, le drame à deux actes; que la dernière scène du dernier acte, où se trouve le dénoûment, a été jouée il y a quatre ans, elle ne veut rien entendre. C'est pousser bien loin l'amour ou la fureur de l'imitation! On assure, cependant, qu'un assez grand nombre de spectateurs, que n'ont point amusés les deux premiers actes qu'ils ont trouvés beaucoup trop longs, qui ont d'ailleurs une connaissance du théâtre suffisante pour juger de la formation et de la marche d'une pièce dramatique, sont bien déterminés à ne pas laisser jouer le troisième acte, ou plutôt cette nouvelle pièce : ils conviennent, du reste, que MM. les acteurs ont développé des talents bien supérieurs à ceux de leurs modèles.

Quand on veut imiter une nation, ce n'est

pas sur ce qu'elle a de mauvais ou de ridicule qu'il faut se modeler, mais sur ce qu'elle fait de bon et de sage. Qu'à l'imitation des Anglais les Français se boxent, ou pour faire parade de la vitesse de leurs chevaux qu'ils les ruinent ou les tuent, il n'y a là rien qui soit bien digne de notre admiration. Mais si l'on voulait prendre un peu de leur esprit public, de leur sincère attachement à leur loi constitutionnelle, de leur amour pour leur souverain et sa famille, cela vaudrait un peu mieux. Cette espèce d'imitation serait-elle trop difficile pour nous ?

La nation française est légère et inconstante; elle demande et refuse; elle veut et ne veut plus; elle desire et craint; elle élève et elle abaisse; et tout cela dans vingt-quatre heures. Elle n'agit que par sauts et par bonds, comme convulsivement. Comment ses philosophes ne sont-ils pas encore parvenus à lui donner cet à-plomb, cette persévérance qu'ils font voir dans leur marche et leurs projets? C'eût été un grand avantage pour eux, car lorsqu'ils veulent la faire agir dans le sens de leur système, il faut qu'ils saisissent bien juste le moment favorable; ce moment dure peu; on est obligé d'arrêter la marche et d'attendre, ce qui est vraiment désespérant. De-là, combien de lois de circonstances ont été rendues la veille, et sont tombées le lendemain, ont été reproduites quelque temps après, puis abandonnées ou déposées dans l'arsenal des lois révolutionnaires, jusqu'à ce qu'une faction l'en retire pour son usage, lorsque le caprice du peuple paraît vouloir la favoriser.

Je connais un peuple qui, depuis vingt-huit ans, n'a pas cessé de faire des lois. Il en a des milliers; sa législation est-elle complète? Elle en est bien loin.

Si l'on faisait des lois claires, on n'aurait pas besoin d'autres lois pour les expliquer. Que de peines et de travaux on s'éviterait! Il y a une certaine abondance qui n'est réellement que de la stérilité.

A voir les lois qui nous régissent, ne croirait-on pas qu'elles ont été faites pour les avocats et les avoués contre nous.

Le propre de toute bonne loi n'est-il pas d'être juste, claire, et d'une exécution facile. En compterions-nous beaucoup de cette espèce dans les nombreux volumes de celles que nous avons faites depuis vingt-huit ans? Presque toutes sont accompagnées ou suivies de décisions ministérielles, d'avis du Conseil-d'état ou de la Cour de cassation. Notre législation est un dédale dans lequel le plus fin, le plus

5..

consommé des légistes ne pourrait se retrouver.

Nous allons un peu vite en législation. Une sage lenteur nous éviterait, avec des repentirs, le désagrément de revenir sur ce qui a été fait, et par conséquent l'aveu tacite de notre légèreté ou de notre inexpérience.

La bonne manière de juger de la législation d'une nation, c'est d'examiner si elle a rendu les citoyens meilleurs.

Partout où les procès sont nombreux et les jugements difficiles à rendre et embarrassants, les lois sont obscures et bonnes à refaire.

Avant d'accepter dans un gouvernement représentatif une place de ministre responsable, si l'on se faisait une juste idée des obligations que l'on va contracter, des devoirs que l'on va s'imposer ; car sous cette forme de gouvernement, la responsabilité d'un ministre ne se borne pas au mal qu'il fera, mais elle s'étend jusqu'au bien qu'il négligera de faire ; n'y aurait-il pas de quoi faire reculer d'effroi l'homme le plus intègre, le plus habile et le mieux intentionné ? Les Rois trouveraient difficilement des ministres ; mais les Sully, les Colbert, les Malesherbes, ne seraient pas aussi rares. Au lieu de ces obligations, de ces devoirs, on ne veut voir dans une place de ministre que la puissance, les grandeurs, et la facilité de faire sa fortune et celle de sa famille; on ne s'embarrasse ni des regards de la génération présente, ni des jugements de la postérité : voilà pourquoi on trouve si facilement des ministres, et si peu de grands ministres.

Avec quelques études, un jugement droit, un esprit exempt de grandes passions et quelque habitude de l'administration, on peut devenir un bon administrateur, même un médiocre ministre. Pour faire un excellent ministre, il faut tout cela, et de plus du génie; et le génie ne peut s'acquérir.

Les ministres, dans le gouvernement représentatif, sont justiciables de la chambre des Pairs pour les crimes de concussion et de trahison; les jugements du public s'étendent bien au-delà. Le public juge et a droit de juger tous les actes de leur administration : il les voue à l'exécration et au mépris, s'ils ont abusé de leur pouvoir et transgressé les lois; il les comble de bénédictions, s'ils ont administré avec douceur et sagesse. Ces jugements ne peuvent être adoucis ni modifiés. Ici la clémence du Roi ne peut rien pour les coupables, et l'équitable postérité parfaitement désintéressée, corrobore ces jugements quelquefois sévères, mais toujours justes.

C'est un rare talent dans un ministre, de savoir mettre chacun à sa place. J'en connais un qui le possède éminemment. Un homme, qui se dit son allié, lui fait demander une place. Monseigneur, lui dit-on, cet homme compte sur vous; il a droit à votre protection.—C'est fort bien, répond le ministre; mais avant de l'employer, je veux savoir à quoi il est propre, car je ne veux ni ne dois tromper la confiance de mon Roi. L'homme se présente, il est examiné, jugé; qu'on lui donne, dit le ministre, une place dans les chasses ou dans le service de table de Sa Majesté.

Les dignités et les honneurs sont la monnaie dont on paye les services et les talents. Cette monnaie a cours dans tous les gouvernements du monde : moins on en met en circulation, plus elle a de valeur, et plus elle est recherchée. On lui enlève beaucoup de son prix, dès qu'on la prodigue; on l'avilit, si l'on change sa première destination; et alors comment et par quoi la remplacer, si l'on veut tout-à-la-fois ménager les ressources pécuniaires de l'Etat, et entretenir parmi les citoyens une noble et louable émulation?

Les vertus et les talents sont les vrais supports des honneurs et des dignités. La fortune y peut ajouter quelque éclat ; mais elle ne leur donne pas leur principal lustre.

S'il existait un peuple qui ne permît à un père qui aurait acquis par ses services une espèce de noblesse personnelle, de la transmettre à ses enfants que dans le cas où il jouirait d'un revenu de trois mille francs, ce peuple n'aurait-il pas prouvé par-là qu'il place la richesse au premier rang dans son estime ? N'aurait-il pas dit à chaque citoyen, c'est en vain que tu te rendras utile à la société, que tu serviras ton prince soit dans ses armées, soit dans ses administrations ou ses tribunaux ; en vain tu reculeras les bornes des sciences, tu rendras à l'humanité des services signalés ; tout cela ne te servira à rien, si tu n'as pas acquis des richesses ? Nous consentons à t'accorder quelques faibles distinctions, une espèce de noblesse personnelle, si cela peut te faire plaisir ; mais tes enfants n'en jouiront pas. Tu as négligé l'emploi des moyens qui conduisent à la fortune, pour suivre plus librement la carrière dans laquelle tu t'es précipité : tu as mal calculé, tant pis pour toi.

Mais, répondrait-il, cette distinction que vous m'avez accordée, n'est-elle pas un échange contre mes services ? N'ai-je pas le droit de transmettre à mes descendants directs le prix de mes travaux ? Ne fait-il pas partie de ma succession, ou plutôt ne la constitue t-il pas tout entière ? Pourquoi les voulez-vous priver de la seule chose que je puis leur laisser ? Vous voulez donc les déshériter et les punir de ce que j'ai travaillé plutôt pour vous que pour eux ? En vérité, cela n'est pas encourageant. Eh bien ! ce peuple existe, il se conduit ainsi, et se croit fort juste. Il a proclamé l'égalité des droits entre tous les citoyens; le riche hérite du titre de ses pères comme de leurs richesses ; le pauvre hérite bien de la pauvreté des siens, mais nullement de la noblesse que leurs services avaient pu leur mériter. N'est-ce pas se servir de deux poids et de deux mesures ?

Dans les beaux jours de la république romaine, chez les Spartiates, les anciens Perses, et sans aller si loin chercher nos exemples, chez nos ancêtres, on faisait le plus grand cas des vertus et des talents; ils conduisaient aux dignités, aux honneurs. On ne considérait pas si celui qui avait bien mérité de la patrie jouissait de tel ou tel revenu. Lorsque Sparte, la Perse, Rome, eurent oublié les mœurs antiques, et furent près de leur chute, il ne fut plus question de récompenser ni la vertu ni les talents. L'or obtint seul la considération et l'estime. A quelle époque sommes-nous donc de notre existence ?

Un homme dont le père a servi dans les armées françaises depuis sa jeunesse jusqu'à un âge très avancé (soixante-quatorze ans), et, par de nombreux exploits, est parvenu du rang de simple grenadier au grade de maréchal-de camp; qui lui-même a servi sous son père depuis le moment où ses mains ont pu soutenir le poids des armes, jusqu'à celui de la chute du trône des Bourbons et de l'exécrable assassinat du plus doux et du meilleur des rois; qui à une trop fatale époque reprit les armes pour soutenir les droits de cette dynastie, sollicite une faible distinction, une décoration: l'obtiendra-t-il? Non, il n'a pour lui que ses services et ceux de son père; il lui faudrait un ami dans les bureaux du ministre ou de la chancellerie; il n'y connaît personne.

Les services ne sont rien; la protection est tout, lorsqu'il est question de récompenses honorifiques. C'est encore bien pis, si vous aspirez à des lettres de noblesse; il faut, avec des protections, avoir aussi des richesses, ou du moins, par un mensonge, affirmer que vous en possédez, fussiez-vous d'ailleurs poursuivi de toutes parts par de nombreux créanciers, peu importe: mentez hardiment, et vous arriverez! N'allez pas surtout placer à côté de vos services et des titres honorables qui les prouvent, les torts que la révolution a faits à votre fortune : car, prenant aussitôt la plume, et mettant vos services en ligne pour mémoire seulement, on fera devant vous cette soustraction : vous possédiez tant... il ne vous reste que tant.... C'est malheureux.... mais que faire? vous n'êtes pas assez riche. Ainsi, l'on vous punira d'avoir été victime de la révolution. Si c'est de cette manière que l'on pense encourager les vertus et les talents, attacher les hommes au gouvernement, on se trompe fort. Comment s'y prendrait-on donc, si l'on voulait éteindre en eux jusqu'au germe des vertus, et les rendre indifférents à leur roi comme à leur patrie?

Tout a été dit sur l'ancienne noblesse, le bien comme le mal; la matière est épuisée.

La noblesse nouvelle ne devrait être accordée qu'à ceux qui ont été utiles à leur patrie, à leur roi, soit dans les armées, soit dans les tribunaux, les administrations, soit enfin dans la carrière des sciences et des arts. Pourquoi voit-on de nos jours tant d'hommes qui sont devenus nobles sans jamais avoir été utiles à la patrie, au Roi, à personne?

Les nouveaux nobles les plus vains de leurs titres, ne sont pas ceux qui ont rendu des services : c'est tout simple; ceux-ci possèdent quelque chose de plus honorable : ce sont les actions qui les leur ont mérités. Les autres doivent penser différemment, et c'est tout simple encore ; ils n'ont rien à mettre à la place de leurs titres de noblesse, point d'antécédents : ces lettres font toute leur gloire.

On entend un grand nombre d'hommes, destinés à vivre sous un gouvernement monarchique, s'élever avec force contre l'ancienne et la nouvelle noblesse : ces hommes assurément ne raisonnent pas juste, car ils devraient savoir que dans une monarchie, il faut entre le peuple et le Roi un pouvoir intermédiaire, qui, suivant le besoin, se portant ou à droite ou à gauche, maintient l'équilibre ; et que s'il n'en était pas ainsi, il y aurait dans le gouvernement une tendance manifeste ou vers la démocratie ou vers le despotisme. On en voit d'autres qui n'attaquent que la noblesse ancienne, et parmi ceux-ci on compte beaucoup de nouveaux nobles ou de gens qui prétendent à l'ennoblissement. Cette conduite n'est pas juste : car ils seraient bien fâchés de voir leurs enfants privés des titres et honneurs qu'ils ont acquis, et leurs descendants se trouveront à leur égard précisément dans le cas où les anciennes familles nobles sont relativement à leurs ancêtres; elle n'est pas non plus fort honnête: car elle décèle de la haine ou de l'envie, passions qui ne sont pas très nobles. Enfin, il est une autre classe d'hommes qui, comme les premiers, ne veulent d'aucune espèce de noblesse, et cependant, dans l'ombre et le mystère, font de vives démarches pour être ennoblis. Ces derniers ne sont-ils pas, tout-à-la-fois, faux, envieux et inconséquents?

Je connais de grands personnages qui, ennoblis et titrés sous un autre règne, se glorifiaient et avec raison de leur noblesse et de leurs titres; car ils étaient le prix de leur sang et de leurs longs services. Sous un nouveau règne, ces mêmes personnages paraissent ne faire aucun cas de ce qui leur était autrefois si cher; cependant ils n'écrivent pas un billet sans ajouter, avant leur nom, les mots : *Comte*, *Baron*, *Chevalier*. Que signifie une pareille conduite? Serait-ce qu'en attendant un nouvel ordre de choses, ils voudraient empêcher la prescription?

La vraie gloire consiste à faire ce qui est grand, juste, utile et difficile, quelque danger qu'il y ait à courir.

Celui qui cherche la vraie gloire, ne doit pas craindre d'exposer sa vie et ses intérêts les plus chers : Dieu, l'humanité, sa patrie, son Roi, tout lui en impose l'obligation. Il ne doit pas compter sur la reconnaissance de ses contemporains; si, par hasard, ils lui en témoignent, c'est tant mieux pour eux; quant à lui, sa récompense est dans le témoignage de sa conscience, et dans les promesses de la divinité, qui ne trompe jamais.

Le vulgaire ne distingue pas la vraie gloire de la fausse. Tout ce qui lui semble grand, difficile et périlleux, est mis sur le compte de la première; que l'entreprise soit juste ou injuste, utile ou nuisible à l'humanité, à la patrie.

Les faux jugements que le vulgaire porte sur la vraie gloire, ne proviennent pas de son ignorance, mais de ses préjugés. Les préjugés sont les fruits de l'erreur, et l'erreur le produit de la mauvaise éducation, des mauvaises lectures ou des mauvaises sociétés. Les passions sont encore une source très féconde de l'erreur; c'est à elles qu'il faut rapporter presque tous les faux jugements de la jeunesse.

Pour distinguer la vraie gloire de la fausse, il ne faut que du bon sens et un jugement droit. Pourquoi tant de gens les confondent-ils? C'est que le bon sens et un jugement droit sont plus rares qu'on ne se l'imagine.

Ravager le monde pour faire parler de soi

dans les siècles les plus reculés ; porter la désolation et la mort chez des peuples voisins pour agrandir son propre territoire et augmenter le nombre des hommes que l'on est chargé de gouverner, c'est-à-dire de rendre heureux; accroître ainsi la somme de ses devoirs et de ses peines, quand il était déjà si difficile de les bien remplir, n'est-ce pas le comble de l'injustice ou de la folie? Les hommes ont cependant donné le nom de gloire à cette injustice et à cette folie; et ont ainsi, par le plus faux et le plus absurde des jugements, contribué eux-mêmes à faire naître ou entretenir ces funestes erreurs dans l'esprit de leurs chefs.

La paix et le bonheur dont jouissent les peuples sous le règne d'un prince religieux, juste, doux, pacifique, qui consacre tous les moments de sa vie à proposer des lois sages, à faire fleurir l'agriculture, le commerce, les sciences et les arts, fixent à peine l'attention du vulgaire. Il semble que cet état de calme l'ennuie et le fatigue : il lui faut des guerres et des victoires qui alimentent sa malignité, sa curiosité, toutes ses passions.

La découverte de l'imprimerie a fait aux sociétés beaucoup de bien et beaucoup de mal. Le bien l'emporte évidemment sur le mal. En sera-t-il toujours de même ? Oui, si dans les pays où la presse, cette arme salutaire dans les mains d'un homme de bien, dangereuse dans celles d'un malhonnête homme; si, dis-je, dans les pays où la presse est libre, et où chacun peut s'en servir selon son bon plaisir, on a le soin de porter des lois rigoureuses contre l'abus d'une liberté accordée dans l'intérêt de la société.

En examinant avec attention les précautions que dans certains pays où l'on veut assurer la liberté de la presse, on prend pour ne pas trop effaroucher ceux qui seraient tentés d'en abuser, ne semblerait-il pas que ces sortes de gens inspirent plus d'intérêt que la société, qui peut devenir leur victime, plus de confiance que les tribunaux qui doivent les juger ?

Que penser d'un député qui oserait, à la tribune, repousser des dispositions législatives tendantes à punir les outrages faits à la morale publique, sous le prétexte que c'est se jeter dans le vague ? Selon lui, la morale est donc encore à définir ? Que ce député n'ait pas lu les excellents traités de morale que nous ont donnés les moralistes chrétiens, je le conçois facilement; mais que les écrits des anciens philosophes, des Socrate, des Platon, des Aristote, des Cicéron, des Sénèque, n'aient pas été vus par lui, ne fût-ce qu'au collége, voilà ce que je ne puis comprendre.

Si la morale est parfaitement définie, si elle est connue de toutes les nations civilisées, si aucune société ne peut subsister sans elle, rien n'est plus facile que de se faire une idée claire et précise des outrages qui peuvent lui être faits. Si la morale n'est pas clairement définie, sur quoi reposent donc les législations criminelles?

En dépit de tous les sophismes de nos philosophes, il y a eu, il y a, il y aura toujours une morale. Elle est invariable comme son auteur: cela est fâcheux, mais qu'y faire? On ne change pas aussi facilement les lois qui gouvernent le monde, que l'on bâtit un système d'athéisme; et si Dieu a permis à nos grands hommes de couvrir, pendant plus de vingt-cinq ans, notre malheureuse patrie de sang et de ruines, il a mis des bornes, sinon à leur amour pour la destruction, du moins à leur puissance dévastatrice.

O toi, qu'un oracle a déclaré le plus sage des hommes, toi, le premier martyr de la croyance en l'unité d'un Dieu, toi qui consacras ta vie entière à enseigner la morale aux hommes, ô Socrate! si tu pouvais revenir sur la terre et descendre dans ce pays, qui se prétend l'héritier du goût et de l'esprit d'Athènes, lire les écrits de nos philosophes les plus vantés, entendre nos orateurs les plus recherchés prêcher hautement l'athéisme, renier Dieu et la morale, te croirais-tu chez un peuple civilisé ou chez quelqu'une de ces nations farouches qui habitent l'Afrique? Et toi, éloquent et vertueux Fénélon, qui nous peignis la vertu avec des couleurs si attrayantes, qui nous rendis nos devoirs doux et faciles, pourrais-tu reconnaître cette France, jadis si célèbre, si fertile en grands hommes, et que ses vertus, comme ses talents, rendaient l'objet de l'envie et de l'admiration de l'Europe?

Ariste est législateur, il est membre de la chambre des députés : aujourd'hui le projet de loi sur la responsabilité des ministres a été discuté, la discussion doit être continuée demain. Que va-t-il faire en sortant de l'assemblée? Étudier Solon, Lycurgue, Platon, Aristote? Non. Consulter Grotius, Puffendorf, les capitulaires de Charlemagne, les lois et ordonnances de nos rois, Montesquieu, les publicistes anglais? Non. Il va voir débuter une actrice. La connaissance de la législation des peuples de l'antiquité, les observations que l'on a faites sur es lois qui ont régi la France ou l'Europe, depuis des siècles, ne le regardent pas; il est chargé de voter, il votera.

Le champion des indépendants est parvenu à se faire élire député; c'est un coup mortel que l'on vient de porter aux monarchistes, et peut-être à la monarchie. Ce grand homme monte à la tribune. Voyons son début. Monarchistes, ministériels, indépendants, tout garde un profond silence. On ne veut pas perdre un mot de ce qu'il va dire. Dans un discours très long et très philosophique, ce que l'on trouve de plus clair, de plus positif, c'est qu'il ne veut pas que l'on punisse les outrages faits à la morale publique, c'est que les missionnaires sont des vagabonds, etc., etc. Le début n'est pas heureux; le discours n'est pas goûté; l'orateur a déjà perdu la moitié de son crédit. Qui aurait jamais pu croire qu'un siècle si éclairé, si dégagé de vieux préjugés, n'aurait pas pu s'élever à la hauteur de la doctrine que ce grand maître venait lui enseigner; et que, parmi un nombreux auditoire, il n'y eût pas un seul homme (c'est lui qui nous l'apprend) en état d'entendre une des phrases de son discours? De deux choses l'une, ou la génération recule dans la carrière philosophique, ce qui serait très fâcheux, car cette observation ruinerait de fond en comble le système du perfectionnement de l'esprit humain, ou notre orateur est au-dessus de son siècle comme Charlemagne était au-dessus du sien. Dans le dernier cas, nous l'invitons à ne plus parler devant des gens incapables de l'entendre et de profiter de ses lumières; mais à transmettre ses grandes et sublimes pensées à la postérité, qui, probablement plus en état que nous de les apprécier, en fera son profit. Car, d'exiger de lui qu'il veuille bien descendre et se mettre à la portée de notre faible intelligence, ne serait pas chose raisonnable. Le génie veut être libre, il ne souffre ni gêne ni contrainte.

Un député qui veut entrer au Conseil-d'état, ou tout au moins obtenir une préfecture, s'était d'abord donné au parti royaliste. Trompé dans son attente, il s'est jeté dans celui que l'on appelle ministériel; n'ayant pas été plus heureux, il vient de grossir celui des indépendants. Ce député arrivera-t-il à son but? Je l'ignore. Mais si, par malheur, il restait en chemin, il faudrait plaindre un homme qui, manœuvrant avec tant d'adresse et de légèreté, et sachant si bien prendre le vent, ne parviendrait pas à gagner le port.

Où se traîne ce vieillard, l'un des principaux apôtres de la révolution? Va-t-il, désabusé enfin des systèmes philosophiques dont il a vu les tristes fruits, justifier la confiance de son Roi, soutenir les droits du trône, affermir le gouvernement monarchique, et, pour défendre la Charte constitutionnelle, offrir et son sang et sa vie? Non; il va sonner le tocsin de la guerre civile, et porter le peu de force qui lui reste aux indépendants, aux ennemis de son Roi et de la monarchie. Mais son rang, ses dignités, sa place, lui imposent des devoirs... Arrêtez! sachez que la république a reçu ses premiers serments, et que ceux-là anéantissent tous les autres.

En voyant les précautions que, dans notre gouvernement représentatif, le pouvoir démocratique prend contre l'autorité royale, ne croirait-on pas que la liberté publique est menacée des plus grands dangers; que le despotisme est prêt à envahir tous les pouvoirs? Il n'en est pourtant rien. Le pouvoir démocratique attaquerait-il donc en ne voulant paraître que se défendre?

A quoi sert dans la monarchie tempérée le pouvoir aristocratique intermédiaire entre le roi et le peuple? N'est-ce pas à empêcher qu'ils n'entreprennent sur les droits l'un de l'autre, à maintenir un parfait équilibre entr'eux? Car si la démocratie s'établit sur les ruines du trône, ou si la monarchie absolue succède à la monarchie tempérée, le pouvoir aristocratique est anéanti. En lisant attentivement et les discours et les écrits de quelques personnages qui font partie du corps aristocratique de la monarchie française, on sera forcé de conclure, ou que le pouvoir démocratique est vivement attaqué par le Roi, ou que ces personnages font une fausse route, et agissent contre leurs vrais intérêts; car on ne peut pas leur supposer d'autres pensées, d'autres desseins que de maintenir le gouvernement existant.

Dans une assemblée chargée de discuter les projets de loi qui doivent assurer la tranquillité et le bonheur des citoyens, tous les intérêts doivent être représentés; ainsi l'agriculture, le commerce, l'état militaire, la jurisprudence, l'instruction publique, la religion, les sciences et les arts, doivent y avoir des représentants, des protecteurs éclairés qui puissent les soutenir et les défendre. Mais si le peuple est plus particulièrement agriculteur ou commerçant, les propriétaires fonciers, les grands cultivateurs, les négociants doivent s'y trouver en plus grand nombre que les militaires, les légistes et les savants. Si les élections ne sont pas faites d'après ce principe incontestable, ou le peuple ne connaît pas l'esprit du gouvernement représentatif, ou, ce qui serait plus fâcheux, il prouverait qu'il n'est pas encore dégoûté des factieux et des factions.

Nous ne voyons parmi nos députés aucun ministre de la religion chrétienne; on demande si elle ne devrait pas aussi être représentée? Dans la chambre des communes, en Angleterre, ne trouve-t-on pas des ministres de la religion anglicane? Pourquoi cette différence? Hommes simples, ne le voyez-vous pas! C'est que, chez vos voisins, la religion est encore comptée pour quelque chose, que ses ministres sont encore chargés d'enseigner au peuple la morale chrétienne et la pratique des vertus; et que, chez nous, réduits à dire la messe et à chanter vêpres, ils ne sont plus les gardiens et les prédicateurs de la morale. Nos philosophes se sont réservé ce soin, et s'en acquittent à la grande satisfaction et à l'avantage de la société. Qu'iraient donc faire dans nos assemblées les ministres de la religion? Apprendre la doctrine de la nouvelle philosophie, les principes de la morale d'Helvétius, etc., etc.? Ils ne les comprendraient pas; c'est trop au-dessus de leur intelligence. S'entendre injurier, calomnier? Ils trouvent dans l'exercice de leur ministère assez d'autres moyens d'exercer leur patience et leurs vertus.

Le meilleur système d'élection ne serait-il

pas celui qui, ouvrant les colléges électoraux à tous les citoyens dont une propriété réelle, une industrie assurée, ou un commerce certain et connu fournirait véritablement à l'État le montant des contributions déterminées par la loi fondamentale, les fermerait à tous ceux dont l'industrie et le commerce ne seraient que simulés ou éphémères? Serait-il impossible d'y parvenir? Je ne le pense pas. Si l'on exigeait, par exemple, que cette industrie, ce commerce, fussent prouvés par une patente obtenue pour l'année entière qui aurait précédé l'inscription sur la liste des électeurs, indépendamment de la patente pour l'année où se ferait l'inscription, n'arriverait-on pas au but? Dans ce système d'élection, les colléges ne devraient-ils pas être assez rapprochés des électeurs pour que la crainte de se jeter dans des dépenses que redoutent un grand nombre d'entre eux, ne les empêchât pas de jouir de leurs droits, en remplissant un devoir sacré?

Beaucoup de gens prétendent que dans les gouvernements représentatifs un parti d'opposition est nécessaire, indispensable; mais ce parti n'existe-t-il pas et de droit et de fait dans les chambres qui stipulent, soit pour l'aristocratie, dans la chambre des pairs; soit pour la démocratie, dans la chambre des représentants du peuple? Ces chambres n'ont elles pas des droits à défendre contre un ministère qui voudrait y porter atteinte ? Manquent-elles de force nécessaire pour les conserver ? Si quelques personnes jugent que cette garantie est insuffisante, qu'elles examinent si les choix faits par les électeurs ne laissent rien à desirer, si ces choix sont tout ce qu'ils doivent être, ou si l'esprit de parti ne les a pas dictés; dans le premier cas, il existe une opposition juste, légale, qui doit et peut suffire; dans le second cas, aucune faction ne remplacera jamais cette opposition; et pour parvenir à l'avoir il n'y a qu'un moyen, c'est de faire de meilleurs choix.

Si la démocratie, forme de gouvernement dans laquelle le peuple réunit la puissance législative et le pouvoir exécutif, ne convient qu'à une nation peu nombreuse, et dont le territoire est peu étendu; ceux qui veulent introduire cette forme de gouvernement, sont dans une profonde ignorance des premiers éléments de la politique, ou des perfides qui ne veulent changer le gouvernement sous lequel ils vivent, que pour amener des troubles dont ils espèrent profiter.

Dans les démocraties seules, le peuple peut se dire souverain, par la raison qu'il exerce directement tous les droits de la souveraineté; dans les aristocraties, la souveraineté est entre les mains des nobles; dans les gouvernements oligarchiques, espèce particulière d'aristocratie, elle est dans celles des citoyens riches; dans la monarchie absolue, c'est le Prince qui est souverain. Il l'est encore dans les monarchies tempérées : 1°. parce qu'il est le chef suprême de l'État, lors même que les chambres qui représentent l'aristocratie et la démocratie, sont assemblées; 2°. parce qu'il a le droit de convoquer, de provoquer ces chambres, et de dissoudre celle dont les membres sont élus temporairement par le peuple, toutes les fois qu'il juge cette dissolution utile aux intérêts de ses sujets; que lui seul enfin propose les projets de loi et les sanctionne.

Dans les gouvernements monarchiques, oser mettre en question si la souveraineté appartient au monarque ou au peuple, c'est vouloir troubler l'ordre et la paix, amener des révolutions, chercher à égarer la masse des citoyens, qui n'a pas assez de lumières pour distinguer en politique un sophisme dangereux d'avec un raisonnement juste, et vouloir mettre une arme terrible dans les mains de ceux qui ont besoin de troubles pour améliorer leur sort.

Je voudrais bien savoir à quelle époque de la révolution le peuple Français a réellement possédé la souveraineté. Serait-ce sous la fameuse Convention, lorsque le mot république était placé à la tête de toutes les lois? Mais personne n'ignore que les jacobins dirigeaient cette assemblée et lui dictaient ses décrets. C'était donc entre les mains des jacobins que se trouvait la souveraineté? Point du tout, ceux-ci obéissaient à une poignée de factieux qui eux-mêmes étaient les instruments dociles dont se sont tour-à-tour servi Marat, Danton, Roberspierre, Couthon, Barrère, S.-Just, etc., etc. Plaisante souveraineté, qui passe de main en main, sans jamais arriver dans celles du véritable propriétaire!

N'est-ce pas une chose humiliante pour une nation qui se croit digne de posséder un gouvernement représentatif, injurieuse pour les hommes éclairés et probes qu'elle possède, de voir confier ses plus chers intérêts à des hommes nés sur un sol étranger, qui ne peuvent avoir pour leur nouvelle patrie le même attachement que les enfants nourris, élevés dans son sein, ni la même connaissance des besoins et des ressources de cette patrie? De tels choix ne prouvent-ils pas que cette nation ne connaît pas bien ses véritables intérêts, ne marche pas d'un pas ferme et assuré dans le chemin de la liberté!

Si pour parvenir à se procurer en France

une chambre de députés composée d'hommes droits, éclairés, sincèrement attachés à leur patrie et à leur roi, les élections doivent être faites librement, sans être influencées par les partis, il est bien à craindre que de long-temps nous ne possédions cette chambre.

On reproche aux ministres du Roi de chercher à influencer les électeurs. S'ils ont donné les premiers un si mauvais exemple, ils ont assurément grand tort ; car c'est ainsi que l'on introduit la corruption dans les gouvernements représentatifs; mais s'ils n'ont employé leur influence que pour neutraliser celle d'un parti très actif, très entreprenant, qui soupire après les beaux jours de la révolution, ou regrette le despotisme impérial, ce tort paraîtrait bien léger; autrement il faudrait dire que l'attaque est permise et que la défense ne l'est pas; ce que personne n'osera soutenir ouvertement. Que les hommes de parti, qui prétendent diriger les élections, cessent donc leurs intrigues et leurs cabales! Puis après, si les ministres cherchent encore à faire nommer des députés à leur dévotion, c'est alors, et seulement alors, qu'ils auront toute raison d'élever la voix contre ces ministres, et ils verront tous les bons Français se réunir à eux : jusque-là je soutiens qu'ils n'en ont pas le droit.

Jugeant de tous les gouvernements représentatifs par celui de l'Angleterre, quelques personnes ne craignent pas de dire que le mobile de ces sortes de gouvernements est la corruption. Si cela était vrai, il ne faudrait pas faire un seul pas pour arriver à un gouvernement qui de sa nature serait peu durable : heureusement ce jugement est susceptible d'être vivement attaqué : 1°. une observation seule ne prouve rien; 2°. il faudrait prouver que ce vice ne tient pas aux mœurs, au caractère, aux habitudes d'un peuple essentiellement commerçant; chez lequel, à côté de l'homme qui regorge de richesses, se trouvent placés une infinité d'hommes qui manquent de tout; où le luxe est excessif et la misère à son comble: or, on ne l'a pas prouvé. Corruption et gouvernement représentatif peuvent marcher ensemble; il s'agit de savoir s'ils se trouvent réunis accidentellement ou nécessairement; c'est ce que des observations multipliées et notre propre expérience pourront seules nous apprendre. En attendant, ne portons pas de jugements précipités et peut-être injustes.

Jusqu'à ce jour, le mot diffamation entraînait nécessairement avec lui l'idée de calomnie. Nous venons d'étendre, par une licence véritablement philosophique, le sens de cette expression à toutes les espèces de médisance; et c'est un grand pas de fait vers la perfection du langage et la justesse des pensées. Ainsi Boileau, qui nommait un chat un chat et Rollet un fripon, serait aujourd'hui, s'il vivait, condamné à réparer la réputation d'un homme généralement conspué, déshonoré, méprisé; et peut-être il serait sévèrement puni pour avoir répété une fois, dans ses vers, ce que, chaque jour, tout Paris disait en prose. Mais, en supposant qu'il n'eût été condamné qu'à la réparation, comment s'y serait-il pris pour la faire ? Aurait-il dit qu'il avait été dans l'erreur, qu'il reconnaissait Rollet pour un homme de bien ? Il aurait menti à Dieu, aux hommes, à lui-même; mille voix se seraient aussitôt élevées contre lui pour lui reprocher cette bassesse; il se serait lui-même couvert de honte et d'infamie. Convenons qu'avec tout son esprit, Boileau aurait été bien embarrassé. Aujourd'hui c'est bien différent, nous ne craignons plus de mentir à Dieu, aux hommes, à nous-mêmes; nous savons qu'il n'y a pas de Dieu; que la conscience, regardée dans les siècles d'ignorance comme un juge placé en nous par la divinité pour éclairer et diriger notre conduite, n'est qu'un sot préjugé pris chez nos nourrices et nos sévreuses, entretenu et fructifié par l'adresse et l'intérêt des prêtres; nous ne serons plus retenus par la crainte d'un mensonge nécessaire à notre tranquillité. Au reste, quelques personnes assurent que les Rollet modernes ne gagneront rien au changement de signification du mot diffamation, et que les Français, naturellement rusés et malins, sauront bien les faire connaître et les diffamer, sans craindre les désagrémens d'un procès et la honte d'une réparation.

L'habitude de beaucoup parler se montre jusque dans nos actes administratifs. Il nous faut quatre pages de grand papier pour exprimer une pensée; nous ne savons pas être tout-à-la-fois clairs et succincts. Il résulte de-là, chose assez singulière chez un peuple agriculteur et commerçant, que la principale branche de notre commerce intérieur est celle du papier. A peine nos nombreuses manufactures peuvent-elles suffire aux besoins de nos innombrables bureaux. Il s'en consomme en France dix fois plus qu'en Angleterre, qui a de nombreuses colonies, un commerce immense, des relations avec toutes les parties du monde, un gouvernement représentatif et la liberté de la presse.

Si chaque administration, grande ou petite, voulait conserver dans ses archives un simple extrait de tous ses actes, il faudrait couvrir le sol français de vastes bâtiments pour les contenir.

Une des principales causes de la multiplicité des actes de nos administrations, c'est que nous administrons au jour le jour, sans nous rappeler de la veille, et sans songer au lendemain.

N'avoir qu'un petit nombre d'administrateurs bien choisis; faire des lois claires qui tracent invariablement leur marche; rendre ces administrateurs responsables de tous les actes qui émaneraient d'eux et de leurs subordonnés; les charger de tout ce qui concerne les intérêts généraux; ne leur donner qu'une simple surveillance avec un *veto* suspensif d'une durée courte et déterminée, sur tout ce qui regarde les intérêts purement locaux; opérer la réunion des petites communes: ce serait peut-être le moyen d'arriver à l'espèce d'administration la plus simple et la plus facile. Quand y arriverons-nous?

Il faut, dit-on, rendre aux communes la libre disposition de leurs revenus, sans que les préfets et sous-préfets puissent s'immiscer dans la gestion. C'est aller un peu loin. Si l'on disait: les revenus des communes doivent rester aux communes, sauf leur part dans les frais d'administration d'arrondissement ou de départe-

leur rester en caisse, après leurs dépenses faites ; il faut leur laisser la liberté de fixer leurs dépenses sur leurs recettes, mais cependant conserver aux préfets le droit de modérer ces dépenses, si elles paraissent inutiles ou trop onéreuses (sans qu'ils puissent, toutefois, fixer eux-mêmes un autre emploi des fonds), ou du moins de les ajourner à l'année suivante, pour donner aux communes le temps de réfléchir et refaire les calculs ; on aurait certainement raison.

Nous pourrions citer une ville qui, sans ce droit de surveillance exercé sur elle par son préfet, se trouverait aujourd'hui dans un grand embarras. Son maire, qui était entrepreneur de bâtiments, avait mis dans la tête des conseillers municipaux qu'il était nécessaire de construire un nouvel hôtel-de-ville plus vaste, plus commode, plus élégant. Il faut observer qu'à l'époque de cette proposition, cette ville infortunée venait d'être dépouillée de tous les établissements publics qu'elle avait autrefois possédés, et était réduite à n'être plus qu'un simple chef-lieu de canton ; l'édifice proposé ne devait coûter que 40,000 francs. On fait faire un plan, dont le devis s'élève à plus de 100,000 francs : le plan était séduisant ; mais comment subvenir à une pareille dépense, lorsque les revenus de la ville ne s'élèvent qu'à 22,000 fr., dont les neuf dixièmes sont absorbés par les frais d'administration, le culte, l'instruction publique, la garde nationale, l'éclairage de la ville, l'entretien des bâtiments communaux, du pavé, des chemins vicinaux, etc., etc. ? Le moyen est facile, il ne s'agit que d'augmenter d'un tiers les droits d'octroi jusqu'à fin de paiement. Ce petit moyen convient au conseil, qui n'examine pas trop s'il vexe ou non les habitants, et ne distingue pas clairement la fin d'une pareille charge. Je le demande, où en serait aujourd'hui cette ville, si son conseil municipal eût été libre d'effectuer la dépense à laquelle il avait consenti ? Les impôts à payer à l'État ne seraient pas moindres qu'ils ne le sont aujourd'hui. Il y a tout lieu de penser qu'elle serait déserte, abandonnée. Je laisse cette observation à nos faiseurs de lois démocratiques, afin qu'ils en fassent leur profit.

Passant d'un fait certain et facile à prouver, à ce qui n'est que probable, mais fortement probable, supposons que dans une commune travaillée de l'esprit révolutionnaire, éprise d'une belle passion pour la démocratie (on ne niera sûrement pas qu'en France il ne puisse s'en trouver de telles, nos philosophes y ont mis bon ordre); supposons qu'à la tête de cette commune on eût placé un maire ayant la bonhomie de croire qu'il est de son devoir de soutenir, selon ses faibles moyens, la monarchie constitutionnelle, de prêcher la soumission aux lois, le respect et l'obéissance au Roi, la subordination aux magistrats; de déclarer hautement que l'on doit à l'immortel auteur de la Charte qui nous a rendu la liberté, la jouissance de nos droits, de la reconnaissance pour un si grand bienfait; ne viendrait-il pas un moment où le peuple souverain, impatienté d'entendre de pareilles balivernes, chercherait à se débarrasser de cet importun bavard ? Un excellent moyen pour y arriver, serait de retrancher dans le budget la somme nécessaire pour les frais d'administration, car il faudrait alors ou que le maire abandonnât sa place, ou qu'il administrât la commune à ses dépens : or, dans une commune un peu populeuse, il ne pourrait prendre ce dernier parti sans se ruiner, et fort promptement; il quitterait donc, et ferait sagement. Mais si son préfet, sur l'exposé sincère du besoin de la somme demandée, précédemment allouée par le conseil lui-même, avait le droit d'en maintenir l'allocation sur le budget, le maire, déjouant ainsi la petite cabale démocratique, conserverait sa place, et continuerait à administrer conformément aux lois de l'État et selon sa conscience et ses moyens. Trouverait-on rien de plus anti-libéral, de plus anti-philosophique, de plus intolérable ?

Qu'un certain parti élève la voix pour demander que le droit de nommer les maires soit donné au peuple, je le conçois facilement ; c'est un empiètement sur la prérogative royale, un pas de géant fait vers le gouvernement démocratique ; mais que des hommes, attachés sincèrement à la monarchie constitutionnelle, élèvent également la voix en faveur de cette innovation dangereuse : voilà ce que je ne puis comprendre. Voyons, dirai-je, à ces derniers qui me paraissent être dans une erreur grave, voyons sur quoi vous vous fondez ? Les maires et adjoints sont les tuteurs de leurs communes ; ils sont chargés du soin de les administrer directement et sans intermédiaire ; de gérer les revenus communaux, de défendre les intérêts et veiller à la sûreté des administrés ; il est donc juste que les citoyens aient le droit de choisir eux-mêmes les magistrats chargés de leurs intérêts les plus chers : car personne ne connaît mieux ceux de leurs concitoyens qui réunissent les qualités nécessaires pour bien remplir ces places.

Ce raisonnement est, sans contredit, le plus raisonnable et le plus fort que l'on puisse faire en faveur de l'innovation. Voyons maintenant ce qu'on y peut répondre.

D'abord l'art. 14 de la Charte attribue exclusivement au Roi la nomination à tous les emplois d'administration publique. Les places de maires et adjoints forment le premier anneau de la chaîne administrative; donc la nomination à ces places appartient au monarque; et toute loi qui la lui ôterait pour la faire passer dans les mains du peuple, augmenterait les droits concédés à ce dernier par la Charte, ferait pencher la balance politique du côté de la démocratie, et serait ainsi contraire à la lettre et à l'esprit de la Charte. Mais si le gouvernement pouvait accueillir votre demande, ne consacrerait-il pas par-là même un principe évidemment destructeur du gouvernement monarchique, celui que les administrés ont le droit de nommer les administrateurs? Prenez-y garde! cette concession faite, je ne vois pas sur quoi l'on pourrait se fonder pour refuser aux arrondissements la nomination des sous-préfets; aux départements, celle des préfets; car les uns et les autres sont aussi les tuteurs, les défenseurs de leurs administrés, du moins dans un grand nombre de cas. Dès-lors vous verriez l'administration sortir des mains du Roi, et Dieu sait quelles seraient les suites d'une pareille innovation. Gardez-vous donc de mêler vos voix à celles de ces hommes qui ne demandent cette concession que parce qu'ils voyent très clairement où elle doit conduire.

Votre intention est pure, c'est dans l'intérêt du peuple que vous croyez parler : eh bien ! vous vous trompez, le peuple n'a nul besoin de cette garantie.

Pour tout ce qui regarde la gestion des biens des communes et des pauvres, la répartition des contributions, les maires ont de nombreux associés dans leur tutelle; les conseils municipaux ne fixent-ils pas et les recettes et les dépenses des communes? n'examinent-ils pas, chaque année, les comptes rendus par les maires, pour s'assurer si les dépenses sont conformes aux allocations portées aux budgets? les commissions d'hospice et de bienfaisance, dont les maires ne sont que les présidents, ne gèrent-elles pas les biens des pauvres, n'en surveillent-elles pas l'administration confiée à un ordonnateur choisi parmi elles, et qui ne peut jamais être le maire.

Les maires effectuent les dépenses et surveillent les recettes des communes, mais ils ne peuvent toucher à aucun fonds. Ce sont les receveurs municipaux qui reçoivent et qui payent, à la vérité sur les mandats des maires, mais conformes aux allocations des budgets, pour chaque espèce de dépenses.

Quant aux receveurs des hospices et des commissions de bienfaisance, ce n'est pas sur les mandats des maires qu'ils délivrent des fonds, mais sur ceux des ordonnateurs de ces commissions. Pour ce qui regarde la répartition des contributions, les maires ne sont encore que les présidents des répartiteurs ; ils n'ont que leur voix dans les décisions de ces espèces de commissions.

La législation a donc pris toutes les mesures nécessaires pour mettre les biens des communes à l'abri des dilapidations; et la concession que vous demandez n'ajouterait rien à la sagesse de ces mesures. Or, si l'ordre actuel des choses donne aux administrés toutes les garanties qu'ils peuvent desirer, ils n'ont aucun intérêt réel pour desirer un pareil changement. La seule amélioration que le peuple puisse raisonnablement demander, c'est un changement dans la manière de former les conseils municipaux. Que l'on accorde au peuple la nomination des conseillers municipaux, rien de plus juste. 1°. La Charte ne s'y oppose pas : ces conseillers ne sont pas des administrateurs, mais les surveillants de l'administrateur; 2°. associés aux maires dans les fonctions de tuteurs des communes pour la gestion des biens communaux, le peuple a un intérêt réel à les nommer; et il m'a toujours paru étrange que la nomination à ces places ne lui fût pas réservée, et que les maires pussent présenter à l'administration supérieure, qui seule a droit d'y nommer, des sujets pour les remplir: présentation qui ne laisse pas de leur laisser une certaine influence sur des hommes chargés d'examiner leurs comptes, tandis qu'ils ne devraient en avoir aucune.

Mais en accordant au peuple la nomination aux places de conseillers municipaux, il y aurait peut-être quelques précautions à prendre: 1°. pour ne pas convoquer de trop fréquentes réunions générales dans les communes; 2°. pour éviter les cabales et les intrigues; 3°. pour ne pas laisser introduire dans les conseils des hommes qui n'offriraient pas des garanties suffisantes. Ainsi il serait avantageux de nommer dans les assemblées le double du nombre des citoyens nécessaire pour former un conseil municipal, et de nommer pour cinq années. Par ce moyen on éviterait les assemblées fréquentes; et dans le cas de changement de domicile ou de mort, on n'aurait pas besoin de faire de nouvelles élections. A l'ouverture de chaque session, on tirerait au sort les noms des citoyens qui, portés sur cette double liste, composeraient le conseil municipal de l'année; et pour coopérer à la formation de cette liste, il ne serait admis que les personnes payant une certaine contribution qui serait déterminée pour chaque commune d'après sa population.

Telle est l'espèce de changement qu'il serait possible d'introduire dans l'administration communale; il ne peut ouvrir la porte à aucun abus dangereux; il est dans l'intérêt des communes, et n'est point en opposition avec la loi fondamentale de l'Etat.

En demandant que la nomination des maires soit confiée au peuple, vous n'avez sans doute pas réfléchi que si ces magistrats sont les tuteurs des communes (tutelle dans laquelle je vous ai prouvé qu'ils avaient un grand nombre d'adjoints), ils sont aussi les hommes du gouvernement dans l'exécution des lois, des ordonnances du Roi, des décisions et arrêtés des ministres, préfets et sous-préfets. Si c'est le gouvernement qui les nomme, il ne redoutera de leur part ni restriction ni opposition dans l'exécution des lois : car on doit supposer qu'il ne les aura pas élus sans avoir une connaissance suffisante de leurs principes et de leur capacité. La machine de l'administration marchera donc d'un pas égal, sans trouble et sans secousse. En serait-il de même s'il n'avait plus la nomination de ces magistrats ? Ne serait-il pas à craindre que, forts de l'appui de leurs concitoyens, sous la dépendance desquels ils seraient placés, les maires à peu-près mis hors de celle du gouvernement, ne se trouvassent fort embarrassés lorsqu'il serait question d'agir dans des temps d'orage et de troubles. Cet embarras serait sans doute un grand mal; mais il en est un autre beaucoup plus grave qu'il faut prévoir aussi : c'est le cas où le gouvernement prenant, pour le salut et la sûreté de l'Etat, des mesures qui exigent une prompte exécution, rencontrerait des maires qui opposeraient à ses ordres sinon une résistance formelle, du moins la force d'inertie. Que ferait-il alors? Il prononcerait leur destitution; mais il faudrait une nouvelle assemblée pour en choisir d'autres, et cette assemblée serait peut-être elle-même un nouveau danger ajouté à celui auquel on aurait voulu échapper.

Qui assurerait au gouvernement que le nouveau maire suivrait une route différente de celle de son prédécesseur? Où seraient ces garanties? Le moindre des inconvénients qui se présentent ici en foule, c'est la perte d'un temps précieux dans une circonstance où le moindre retard est fâcheux.

Je vous livre ces réflexions: méditez-les.

Pourquoi les femmes ont-elles, en général, moins donné dans les excès de la révolution française, que les hommes? C'est que ces excès ont été portés si loin qu'ils ont révolté leur sensibilité, bien plus facile à mettre en jeu, bien plus exquise que la nôtre. Nous nous déterminons presque toujours par calcul et par intérêt, les femmes par sentiment.

Lorsque le glaive de la loi, que l'on devrait plutôt appeler le glaive de la philosophie, se promenait sur toutes les têtes, et pour rendre les Français plus égaux et plus heureux, abattait celles des hommes vertueux, des savants, de tous ceux qui avaient eu le malheur de rendre à la patrie sous le règne des Rois quelques services, ou de descendre de ces anciennes familles qui avaient été l'honneur de la monarchie, et dont l'histoire a conservé les noms respectables; qu'il précipitait dans le même tombeau la vieillesse, l'âge mur, la jeunesse et l'enfance, le père avec le fils, la fille avec la mère; dans ces beaux jours de la république où le peuple était partagé en bourreaux et en victimes, les exemples de courage les plus dignes d'éloges ont été donnés par des femmes.

Le mot de Madame de Tocqueville à Mademoiselle de Sombreuil, est le sublime du sentiment et du courage réunis.

Tant que la philosophie ne fera pas chez les femmes plus de progrès qu'elle n'en a fait jusqu'à ce jour, son triomphe ne sera pas complet. Dejà elles ne trouvent pas que la révolution soit une chose aussi admirable et aussi excellente qu'elle nous paraît l'être. Il est même à craindre qu'elles ne regardent de mauvais œil les tentatives que l'on ferait pour en donner une seconde représentation. C'est dommage! car ayant dans ce pays conservé encore beaucoup d'ascendant et de crédit sur l'esprit des hommes, il n'y a pas de doute que si l'on pouvait les rendre philosophes, la philosophie ne rencontrerait plus d'obstacles, et s'étendrait avec la vitesse de la lumière, des premières aux dernières classes de la société. Combien un pareil événement éviterait de peines, de soins, de discours et d'écrits à nos grands hommes! Ils doivent donc, pour le faire naître, s'attacher sérieusement aux femmes, et faire les plus grands efforts pour leur faire entendre raison et les lier à leur cause. S'ils veulent y parvenir, il faut d'abord étouffer chez elles cette douce sensibilité qui contraste si fortement avec la dureté philosophique; détruire dans leur cœur cette tendance à l'amour qui les pousse irrésistiblement jusqu'à la folie d'aimer Dieu, cette humanité touchante qui jusqu'ici a fait le bonheur de l'autre moitié de l'espèce humaine; les débarrasser enfin de cette espèce de croyance dans laquelle elles paraissent se plaire, qu'elles retrouveront dans une autre vie les objets de leur plus chère affection, père, mère, époux, amants et enfants. Ce préalable est indispensable. Dans les premiers temps de leur nouvelle éducation morale, il ne sera pas prudent de leur parler des grands avantages de la conscription et des grandes guerres, qui peuvent procurer beaucoup de gloire, sans doute, mais qui exposent la vie de leurs époux et de leurs fils; il faudra aussi s'abstenir de prononcer le mot *Divorce*; elles entreraient en fureur, et seraient capables d'abandonner maîtres et leçons. L'exemple de Buonaparte doit rendre nos philosophes très attentifs à ne toucher à ce dernier point de doctrine que lorsque leurs écolières auront fait de grands progrès dans la science, et seront dignes d'en connaître tous les secrets : car le divorce de ce fameux conquérant lui a enlevé, en vingt-quatre heures, l'estime et la confiance de toutes les femmes. Ce n'est pas une petite tâche que nous proposons à nos philosophes d'entreprendre; mais, outre que le succès a de quoi flatter leur amour-propre, il leur promet de grands avantages.

Tout gouvernement qui ne s'occupe pas sérieusement de l'éducation de la jeunesse, et ne la fonde pas sur la religion et la morale, ne connaît ni ses intérêts ni ceux du peuple qui lui est confié.

L'attention que les anciens apportaient à l'éducation, prouve qu'ils en connaissaient mieux que nous les avantages, le but et la fin.

Pour juger si l'éducation est bonne, il faut considérer les fruits qu'elle produit. Si la jeunesse paraît goûter la morale évangélique, si elle est respectueuse envers ses parents, obéissante à ses maîtres, soumise aux lois, docile et modeste, l'éducation est bonne. La jeunesse est-elle indocile et présomptueuse, l'éducation a besoin d'amélioration ; mais si étant indocile et présomptueuse, la jeunesse se moque de la morale et de la religion, si elle n'a aucun respect pour les auteurs de ses jours, ni pour les maîtres chargés de l'instruire, qu'elle soit rebelle aux lois de son pays, l'éducation est aussi mauvaise qu'il est possible ; le gouvernement doit promptement travailler à la changer, ou s'attendre à être bientôt renversé.

L'espoir de la génération actuelle est dans la génération qui s'élève. Si cette dernière est corrompue, il y a dans l'État une cause prochaine de dissolution.

Si chez un peuple jadis célèbre par sa douceur, sa politesse et la pureté de ses mœurs, les feuilles publiques retentissaient chaque jour d'horribles assassinats, de parricides accompagnés des circonstances les plus affreuses et les plus révoltantes qui ne se rencontrent que dans des hommes consommés dans le crime; si ces assassinats, ces parricides étaient commis au sortir de l'enfance, dans un âge où les sentiments de la nature ont en général conservé toute leur force, où l'ambition et l'avarice n'ont pu encore faire entendre leur voix, où le crime enfin ne peut pas même alléguer pour excuse la violence des passions, les craintes de la génération actuelle sur le sort de la génération qui s'élève ne seraient-elles pas fondées, et l'apologie de cette malheureuse jeunesse, fût-elle faite par un des partisans de la philosophie moderne à la tribune où se discutent les projets de loi, serait-elle bien propre à détruire ces craintes? Cette ridicule apologie contre laquelle s'élèvent tant de témoignages irrécusables, serait-elle un bon moyen de ramener cette jeunesse égarée dans le sentier de la vertu, de lui faire connaître ses devoirs, et de les lui faire aimer et pratiquer? Non, assurément. Ce n'est pas là non plus ce que l'on veut, on s'exposerait à perdre des sujets précieux pour les amateurs de troubles et de révolutions ; mais ne pouvant justifier des crimes qui sont les résultats du mépris de toute religion, de l'ignorance des premiers principes de la morale, d'une mauvaise éducation, triste fruit d'une fausse philosophie ennemie de tout ordre et de toute justice, n'est-il pas tout simple que les amis de cette philosophie, repoussant d'une main la vérité qui les blesse, appellent de l'autre l'erreur et le mensonge à leur secours ?

Le vice qui se montre tout-à-découvert, n'est pas un mal contagieux. Il effraie, ou bien il dégoûte. C'est celui qui se cache sous les apparences de quelque qualité aimable qu'il faut craindre. Je connais une femme qui, ayant perdu toute pudeur et toute retenue, mène, sous les yeux même de ses filles, une conduite infâme. Loin d'avoir été entraînées par l'exemple de leur mère, ces jeunes filles sont citées comme des modèles de sagesse.

On a trouvé pour l'instruction une méthode abréviative ; l'instrument est bon, mais il faut voir comment on s'en servira. Peut-il être appliqué à tout ce qui dans l'éducation a rapport à la réflexion, au jugement, au raisonnement, à la logique et à la philosophie, par exemple ? Je ne le crois pas.

Former l'esprit des enfants, développer leur mémoire, leur apprendre les langues vivantes, les arts d'agrément, tels que le dessin, la musique et la danse, y joindre quelques connaissances de mathématiques, voilà ce que nous appelons leur donner une bonne éducation : former leur cœur et leur jugement, ce qui doit pour jamais assurer leur bonheur ici-bas, c'est à quoi nous songeons le moins. Ce que nous regardons comme essentiel de l'éducation, n'en est réellement que l'accessoire.

L'éducation que nous donnons aux femmes est encore plus superficielle, plus mauvaise que celle donnée aux hommes, elle est surtout inconséquente. Heureusement elles ont reçu de la nature des dispositions heureuses, des germes de beaucoup de vertus qu'étouffent rarement et la mauvaise éducation qu'elles reçoivent, et la contagion de l'exemple. Si l'on pouvait éteindre ces dispositions heureuses, et faire périr les germes d'humanité, de bienfaisance, de constance en amour, cette tendance aux affections douces que l'auteur de la nature a placée dans leur cœur, il nous faudrait abandonner la France, elle ne serait plus habitable.

On a persuadé à bien des gens que l'étude des mathématiques redressait l'esprit et le jugement; qu'il serait facile de prouver par des exemples nombreux, qu'en philosophie, en morale, en politique, en législation, etc., etc., bon nombre de mathématiciens raisonnent aussi mal que le vulgaire !

La philosophie moderne a des principes si erronnés, si faux, qu'il serait peut-être utile que dans les colléges on la fît connaître aux jeunes gens capables de raisonner; alors il faudrait en déduire toutes les conséquences, afin de montrer où ils conduisent : ce serait le moyen d'en dégoûter pour toujours.

La philosophie qui a enfanté la révolution française a fait de si merveilleux progrès de nos jours, que si les écrivains qui l'ont mise à la mode, pouvaient revenir à la vie, ils seraient eux-mêmes fort étonnés de ses succès. Il a été un temps, qui n'est pas très éloigné, ce que quelques philosophes regrettent beaucoup, où il n'aurait peut-être pas été prudent à ces écrivains de reparaître parmi nous. Dans l'ardeur d'un saint enthousiasme, nous les aurions regardés comme des modérés et traités comme tels, sans vouloir leur tenir compte des éminents services rendus par eux à la secte. On aurait reproché à Voltaire d'avoir été le flatteur et le complaisant de Frédéric et de Catherine, crime qui lui aurait fait perdre tout le fruit de ses efforts pour renverser la religion de ses pères. J. J. Rousseau aurait été condamné pour la profession de foi du vicaire savoyard. Helvétius, à cause de sa fortune, de son titre d'ancien fermier-général, et qu'il ne devait pas être l'ami du gouvernement sans-culotte; Reynal, pour sa fameuse lettre à l'assemblée constituante, qui est un désaveu formel de ses erreurs; Mably, parce qu'il avait la sottise de croire en Dieu; Diderot, Diderot lui-même pour avoir eu la faiblesse de n'oser faire paraître sous son nom, son *Système de la nature*. Qu'auraient-ils répondu tous ces grands écrivains à des inculpations aussi graves ? Forcés de paraître devant ces hommes incorruptibles qui ne se laissaient éblouir ni par les grands noms, ni par les grands talents, ni par les lumières, ni par ce que les sots appellent des vertus, qui n'étaient retenus par aucune considération humaine; confondus par la mâle éloquence d'un Roberspierre, d'un Danton, d'un Brissot, et de tant d'autres représentants d'un peuple souverain armé du glaive révolutionnaire, ils auraient été traînés dans les cachots pour apprendre à mieux connaître les droits de l'homme, les avantages et les douceurs de la liberté, et se perfectionner dans la science révolutionnaire; si même on ne les eût fait périr pour les punir de n'avoir pas été dans la carrière aussi loués que leurs élèves.

Dans les temps de calme, sous les gouvernements qui savent maintenir l'ordre et faire respecter les lois, les passions n'osent que rarement développer toute leur impétuosité. Timides et circonspectes à leur naissance, elles marchent à leur but lentement et cachées sous le manteau de la prudence qu'elles empruntent pour n'être pas aperçues : souvent même, elles prennent l'air et le langage de quelque vertu. C'est ainsi, par exemple, que l'ambition se présente sous le beau nom d'amour de la gloire et d'illustration de la patrie. La vengeance sous celui de justice et de stricte observation des lois. Toutes les espèces d'hypocrisie se multiplient alors, et l'on a beaucoup de peine à distinguer le vrai du faux. Grâces à la révolution, nous ne sommes plus dans cet étrange embarras ! on voit aujourd'hui très peu d'hypocrites. Les passions les plus fougueuses de leur nature, l'ambition, l'orgueil, la cupidité, la haine, ne connaissent plus de frein; elles ne se cachent plus; elles marchent tête levée et tout-à-découvert; on les reconnaît au premier coup-d'œil. Un tel changement n'est-il pas très heureux? Ne nous offre-t-il pas de grands avantages? Si en les rencontrant sur sa route, on a le bonheur de les apercevoir assez à temps, on peut se détourner d'elles et éviter leurs traits; si au contraire on a l'imprudence de rester sur leur passage, ou la folie de les heurter, et que par suite de cette imprudence ou de cette folie, on soit brisé ou déchiré par elles, à qui s'en prendre? Ne les avait-on pas reconnues? ne savait-on pas bien qu'elles avaient plein pouvoir d'agir dans tous les sens et avec toute liberté?

Renier Dieu, c'est rejeter la morale qui prend sa source dans la croyance en Dieu; rejeter la morale, c'est méconnaître ses devoirs; celui qui méconnaît ses devoirs ne peut être un bon citoyen.

La véritable liberté est fondée sur la justice, la sagesse et l'amour de l'ordre; elle a le respect le plus profond pour la religion, la morale, et tous les principes conservateurs des sociétés; elle repousse l'athéisme, l'ambition, l'esprit d'intrigue, le trouble et la licence. Combien de nations en Europe connaissent la vraie liberté?

Si un peuple corrompu veut arriver à la vraie liberté, il a beaucoup à apprendre et plus encore à oublier: il faut, de toute nécessité, qu'il recommence son éducation morale; ce travail n'est pas impossible, mais très difficile.

Construire un édifice élevé sur un sable mouvant; vouloir fonder un gouvernement représentatif sur l'irréligion et le mépris de la morale, sont deux folies également dangereuses. Les auteurs de ces folies doivent bientôt être écrasés sous les débris de leurs ridicules constructions; et malheureusement beaucoup de gens sensés qui se trouvent dans le voisinage, le seront avec eux.

Chez un peuple turbulent, régi par un gouvernement faible, la plus petite sédition peut conduire à une révolte générale. Sous un gouvernement fort, il n'y a rien à redouter : c'est une légère convulsion qui ne laisse après elle aucune trace.

Lorsque de mauvaises doctrines propres à troubler le repos des Etats, commencent à se montrer dans l'ombre, on peut encore, par des moyens doux, en arrêter les progrès. Ont-elles paru au grand jour, il est trop tard : les intrigants, les ambitieux s'en emparent, et les sots, en grand nombre partout, les adoptent comme des vérités démontrées, et sont prêts à verser leur sang pour les défendre.

Les hommes droits, sincères, et dont le jugement est sain, peuvent être entraînés dans l'erreur : faites briller à leurs yeux la vérité, vous êtes assurés de les ramener : les autres hommes ne rentreront dans l'ordre et le devoir qu'en déployant contre eux l'appareil de la force et en faisant parler les lois.

L'irréligion prêchée hautement, le ridicule jeté sur la morale, l'insubordination soufferte, les crimes impunis, l'ambition non réprimée, sont les signes certains de la faiblesse des gouvernements ou de l'aveuglement de leurs ministres : la fin tragique du vertueux Louis XVI, a été le résultat funeste, mais facile à prévoir, de cette faiblesse ou de cet aveuglement.

Examiner les principes et les doctrines d'un écrivain ; relever ses erreurs avec ce ton de décence et de dignité qui distingue l'homme honnête et bien élevé ; faire la critique de son goût et de son style, sans fiel et sans aigreur, sont des occupations louables et utiles à la société ; car elles tendent au maintien des bonnes mœurs et au triomphe des bons principes, conservateurs de l'ordre et de la paix dans la société ; à l'affermissement des saines doctrines qui rassurent également les gouvernements et les gouvernés ; à la conservation du bon goût, sur lequel seul s'établit la réputation littéraire d'une nation.

S'attacher à relever les défauts personnels d'un auteur, qui n'ont aucun rapport avec ses principes et ses doctrines; fouiller dans sa vie privée; pénétrer dans les secrets de sa famille pour y trouver des vices, des défauts, des erreurs ou des ridicules qui lui sont tout-à-fait étrangers, et dont, aux yeux de la raison, il ne peut être responsable; se servir de semblables moyens pour chercher à le décrier et le livrer à la risée de ses contemporains et de la postérité, c'est le propre d'un mauvais caractère et d'un esprit haineux et vindicatif. Si de pareilles productions font sourire un instant, on n'en conçoit pas moins, pour leurs auteurs, un profond mépris dont eux-mêmes ne tardent pas à s'apercevoir. La société n'en retire aucun fruit : c'est un scandale, et rien de plus.

Qu'importe au public que Lysis soit née en légitime mariage ou non! qu'Ariste ait épousé une bâtarde! que Damon ait fait des spéculations malheureuses qui ont entraîné sa perte, celle de sa famille et de ses amis! C'est bien de cela dont il s'agit! Leurs écrits sont bons ou mauvais; ils ont tort ou ils ont raison. Si leurs écrits sont bons, s'ils ont raison dans tout ce qu'ils disent, taisons-nous, et mettons à profit leurs leçons! Si ces écrits sont mauvais, attaquons-les, et éclairons ceux qu'ils pourraient égarer ! Ne leur laissons ni repos ni relâche qu'ils ne soient convenus de leurs torts, ou que du moins nous les ayons réduits au silence.

Nous trouvons, parmi les écrivains célèbres du 17e. siècle, des modèles parfaits d'une critique saine autant que décente. Pascal, dans ses *Lettres provinciales*, destinées à mettre au grand jour les doctrines erronnées et dangereuses de quelques Jésuites; à les discréditer dans le public, et à prémunir ce dernier contre leurs funestes effets; Pascal, tantôt armé de raisonnements justes et irrésistibles, plus souvent à l'aide d'une ironie fine et délicate, combat ces doctrines pernicieuses, et réduit leurs auteurs et leurs défenseurs à l'absurde. Il les poursuit jusque dans leurs derniers refuges, et ne les abandonne qu'après les avoir mis hors de combat. Cependant s'est-il jamais permis de les attaquer dans leur personne, leur honneur, leurs familles? Boileau lui-même, à qui l'on peut justement reprocher d'avoir été trop sévère et souvent injuste, s'est-il jamais permis de relever les défauts personnels des écrivains dont il a le plus décrié les ouvrages? a-t-il été chercher dans des antécédents ou dans des circonstances étrangères, des armes pour les attaquer? a-t-il dévoilé les secrets de leurs parents, de leurs alliés? Non; en vouant les ouvrages au ridicule et au mépris de ses contemporains et de la postérité, il a constamment respecté leurs infortunés auteurs dans leur personne et leur honneur, dans leurs familles et leurs amis. Aujourd'hui, tout nous semble permis, nous ne respectons rien. Est-ce donc à la liberté que nous sommes redevables d'une pareille innovation? Non, sans doute, car la liberté suppose avec l'amour de la vérité, sagesse, douceur, décence ; c'est le produit d'une fausse philosophie qui, après nous avoir appris à renier le Dieu de nos pères, après avoir prêché hautement la licence et le désordre, foule aux pieds tout respect humain.

C'est avec les armes de la logique qu'il faut attaquer les sophismes et les doctrines erronnées du philosophisme, comme c'est à l'aide des règles tracées par les meilleurs écrivains que l'on doit relever les fautes commises contre le langage et le bon goût. On aura beau faire, jamais les injures grossières ni les secrets des familles dévoilés et rendus publics ne prouveront rien si ce n'est la méchanceté, la haine ou l'envie de ceux qui emploient de pareils moyens, et peut-être aussi leur faiblesse.

C'est particulièrement dans les discussions littéraires que l'on doit se montrer honnête et poli autant que juste, vif et animé ; la grossièreté, fût-elle exempte de toute calomnie et de toute médisance, blesse un lecteur délicat : c'est une discordance affreuse.

Adopter tous les faux raisonnements des sophistes, en déduire toutes les conséquences, c'était la méthode de Socrate ; c'est par là qu'il les réduisait au silence et les couvrait de honte et de mépris. Si ce procédé lui coûta la vie, il fut d'une grande utilité à ses disciples, et les prémunit contre cette fausse philosophie qui inondait la Grèce, et qui a quelques rapports avec celle qui, depuis soixante ans, a fait de si grands progrès, ou pour mieux dire, de si grands ravages en France. Il serait bien à souhaiter que quelque plume exercée voulût se charger de prendre en sous-œuvre tous nos philosophes, et de les réfuter, comme Socrate réfuta les sophistes de son temps.

On peut, sans courir le risque de se tromper souvent, juger de la manière dont les richesses ont été acquises par l'emploi qu'en font leurs possesseurs.

Le calcul et le bonheur conduisent plus souvent à la fortune que la bonne conduite et la capacité ; mais si un grand nombre d'excellents calculateurs passent leur vie dans un état voisin de l'indigence, il est clair que le bonheur contribue bien plus à notre fortune que tout autre cause. Pourquoi donc les richesses rendent-elles ceux qui les possèdent si vains et si fiers? Le bonheur ne dépend pas de notre savoir-faire : je ne vois pas qu'il y ait là matière à tant s'enorgueillir.

Une grande fortune acquise en vexant et censurant les peuples, était jadis regardée comme un scandale : aujourd'hui, indépendamment de ce moyen très productif, nous spéculons sur leur corruption, et personne ne s'en étonne. Si la façon de voir de nos pères était un préjugé, quel nom faut-il donner à la nôtre?

Quelle est cette jeune femme dont la démarche est si altière, le ton brusque, les airs si dédaigneux? Chacun tremble en l'approchant. Est-ce quelque héritière de l'un de ces grands noms qui ont tant fait d'honneur à la monarchie? Non. Est-ce la femme d'un maréchal de France? Non. C'est la femme d'un fabricant, qui a beaucoup gagné d'argent dans son commerce. Si la guerre, qui lui était d'autant plus avantageuse qu'elle faisait plus de victimes, eût continué un an de plus, et que le gouvernement impérial, sur la chute duquel il pleure chaque jour, eût duré un peu davantage, il aurait acheté des lettres de noblesse avec titre de baron, fait ériger un majorat pour le premier fils qui lui naîtra, et sa femme ne s'appellerait plus que madame la Baronne.

Voyez ce millionnaire étonné lui-même de sa fortune; il possède en terres et châteaux la valeur de l'un de nos départements les plus riches: c'est celui qui, dans une des principales villes du royaume, a eu pendant plusieurs années le droit exclusif d'ouvrir à l'imprévoyante jeunesse ces repaires affreux où elle va chaque jour se faire dépouiller des biens acquis par ses pères, et chercher la misère et le désespoir.

Cet autre, qui paraît sombre, inquiet, absorbé dans ses pensées! c'est un riche banquier qui joue sur les effets publics; quoiqu'il ait une fortune prodigieuse, il n'en est pas satisfait. Il vient d'acheter de la rente pour une très forte somme. La rente a baissé depuis cette acquisition; il craint qu'elle ne remonte ni assez haut, ni assez vite, et qu'il ne soit obligé de vendre à perte.

Ce riche qui, par son faste, semble insulter à la misère publique et appelle sur lui tous les regards, n'a pas un commerce aussi avantageux que l'entrepreneur des jeux, mais il est moins hasardeux que celui du banquier; il gagne d'ailleurs passablement d'argent. Que fait-il? Il spécule sur la prostitution.

A qui appartient ce magnifique palais? Est-ce la demeure de l'un de nos princes? Non: c'est la propriété d'un philosophe révolutionnaire, qui, pendant trois ans, a versé le sang des nobles, des riches, des ministres de la religion. Ce palais est le prix du sang innocent.

Apprenez-moi le nom de cet homme au ton mielleux, à l'air humble: les mots humanité, justice, reconnaissance, se trouvent placés dans toutes ses phrases. Quoi! vous ne le connaissez pas? C'est Oronte. Jadis il ne possédait pas une pierre sur laquelle il pût reposer sa tête; aujourd'hui il jouit de biens immenses, dépouilles de vingt familles qu'il a réduites à la mendicité. Le valet de chambre, qui le sert depuis vingt-cinq ans, époque où il a commencé à prospérer, vient de tomber malade par l'excès du travail dont son maître l'accable, car il l'emploie à tout; il l'a fait aussitôt jeter dans un hôpital, et comme il peut succomber à sa maladie, on lui a, par prudence, donné un successeur. S'il a le bonheur d'échapper à la mort, on verra s'il est possible de le recommander à quelques amis qui auraient besoin d'un portier.

C'est trop long-temps arrêter nos regards sur des objets ridicules, odieux ou méprisables; portons-les un moment sur cet homme riche et modeste que sa grandeur et ses titres n'ont rendu ni orgueilleux ni vain, et dont la fortune n'a pas endurci le cœur. Il ne faut pas en être surpris. Cet homme est né dans l'opulence; ses titres, ses dignités sont le prix de ses services; il joint à l'esprit et aux talents un bon jugement; les richesses ni les grandeurs ne pourraient pas le corrompre.

Jetons les yeux maintenant sur cette scène attendrissante qui vient de se passer au château du B........ Elle contraste tellement avec les mœurs du siècle, qu'elle semble appartenir à celui d'Henri IV ; la voici: Un vieux serviteur fait une chute terrible; la tête est fracassée, un des bras brisé, moulu; c'est une désolation générale dans la maison. Les maîtres n'ont ni assez de domestiques ni assez de chevaux (cependant ils sont nombreux) pour faire courir à la ville voisine chercher médecin, chirurgien, enfin ce que l'on croit nécessaire au blessé. Tout est en mouvement, c'est à qui prodiguera plus de soins au bon vieillard. Un mouvement de surprise se manifeste chez le médecin, qui n'a pas le bonheur de se trouver souvent témoin de pareilles scènes. Vous paraissez étonné, lui dit la maîtresse de la maison? vous ne savez donc pas que ce pauvre homme est à notre service depuis trente ans; qu'il ne nous a pas quittés pendant les jours de deuil et de larmes; qu'il nous a suivis dans les prisons où nous avons gémi pendant toute la durée du règne affreux de Roberspierre; c'est un homme d'une probité, d'une fidélité à toute épreuve : nous le regardons comme étant de la famille. Lecteur, ne me demande pas que je te fasse connaître les maîtres de ce château : aussi modestes que vertueux, je les affligerais si je les nommais : qu'il te suffise de savoir qu'ils appartiennent à l'une de ces familles aussi anciennes que la monarchie et que la révolution n'a pu toutes anéantir.

Les mauvaises doctrines mises à la portée du peuple font plus de mal à la société que la guerre et la peste réunies. Les ravages de celles-ci ne durent qu'un temps ; on ne peut prévoir quand finiront celles de ces doctrines.

Si les rois qui ont souffert dans leurs États la publication d'ouvrages contenant des principes destructeurs de toute religion, de toute morale, avaient voulu jeter un regard sur l'avenir et voir au-delà de leur règne, ne se seraient-ils pas empressés d'en arrêter le cours? Mais dans leur coupable indolence, ils n'ont vu qu'eux, et ont laissé amasser sous leurs yeux les instruments de la ruine de leurs successeurs.

Que penser des monarques qui ont accueilli

et ces ouvrages, et leurs auteurs? Conspiraient-ils aussi contre le genre humain? Non, sans doute : ils étaient donc saisis de cet esprit de vertige qui ôte le jugement et la raison.

On devait certainement des récompenses et des encouragements à l'auteur d'*Alzire*, de *Mérope*, de *Tancrède*, et de plusieurs autres chefs-d'œuvre; mais en devait-on aussi à l'auteur de la *Pucelle*, de l'*Essai sur les mœurs*, *etc., etc.*? à celui qui tournait en ridicule l'objet de la vénération de tous les peuples de l'Europe, et prêchait hautement le système du fatalisme destructeur de toute religion, de toute morale.

Les vices et les défauts des hommes fournissent une ample matière à la satire et à la malignité ; il est permis de les offrir en spectacle et de les couvrir de ridicule, parce que ce ridicule même peut devenir utile, soit pour corriger ces défauts ou ces vices, dans ceux qui les ont, soit pour en préserver ceux qui par imitation pourraient être tentés de la prendre. Peut-il être jamais permis de tourner en ridicule la morale et la religion, d'appeler le mépris sur ce qu'il y a de plus respectable, sur ce qui fait la sûreté des États et des citoyens? Les auteurs qui se permettent de le faire, sont sans doute bien coupables, mais les gouvernements qui le souffrent ne le sont guère moins.

On n'attaque pas d'abord ouvertement une religion que l'on veut renverser; on la mine sourdement auparavant; on p'aisante sur quelque dogme, sur quelque cérémonie. La plaisanterie a-t-elle été goûtée, on attaque un principe, puis un autre, et bientôt elle est sur le penchant de sa ruine, si l'on ne s'empresse de repousser l'ennemi avec toutes les forces de la logique et le courage qu'inspire la défense d'une pareille cause.

Les gouvernements qui restent indifférents dans les attaques dirigées contre la morale, et ne font pas punir sévèrement les auteurs qui, dans leurs ouvrages, parent les vices de fleurs en même-temps qu'ils couvrent d'opprobre la vertu et les mœurs, sont bien aveugles! Comment ne savent-ils pas que les mœurs et la vertu sont les plus solides appuis du trône, et que sa chute doit infailliblement suivre la leur! L'histoire ne leur en offre-t-elle pas assez d'exemples!

L'expérience des malheurs d'autrui ne nous corrige pas; notre propre expérience nous est rarement utile. On raconte que pour s'emparer du gouvernail et de la direction d'un vaisseau, quelques passagers ambitieux jetèrent à la mer le pilote et les officiers; on ajoute, qu'abusés par le langage artificieux de ces passagers, les gens de l'équipage leur confièrent le soin du vaisseau, qui, conduit par eux d'écueil en écueil, fut vingt fois prêt à être englouti; que désabusés enfin, ils donnèrent le commandement à un pilote expérimenté qui avait servi sous le précédent (si indignement mis à mort); il connaissait parfaitement la manoeuvre, et tout devait aller au mieux, lorsque nos intrigants élevèrent la voix, et se récrièrent contre l'injustice qui leur avait été faite; blâmèrent la manoeuvre du nouveau pilote, vantèrent leur bonne conduite et leur habileté. On croira sans doute qu'il n'y eut pas un seul homme qui osât parler pour eux, prendre leur défense, et proposer de les replacer au gouvernail; point du tout, ils trouvèrent des prôneurs qui firent des efforts incroyables pour leur rendre la conduite de l'équipage.

En matière de gouvernement, toute demi-mesure est mauvaise, comme en législation toute loi qui n'est pas fondée sur la morale et l'équité, et en harmonie parfaite avec la constitution de l'État, est une mauvaise loi.

Toute transaction entre un gouvernement et des factieux, quelque avantageuse qu'elle puisse paraître au premier, est dangeureuse et impolitique; le plus grand avantage est toujours du côté des factieux. C'est un aveu très positif que le gouvernement ne se croit pas assez fort pour les réprimer; aussi en deviennent-ils plus fiers et plus audacieux.

La Charte a commandé l'oubli des crimes de la révolution. Béni soit, s'écrie un royaliste, l'ordre de mon Roi, qui n'exige de moi que ce que Dieu me prescrit! Les jacobins m'ont dépouillé de tout ce que je possédais; je suis le seul de ma famille qui ait pu échapper à leur fer assassin; je leur pardonne tout, et je prie Dieu qu'il veuille bien oublier tout le mal qu'ils m'ont fait. Touchés d'un si généreux pardon, vous croyez qu'ils vont devenir plus justes, plus humains, et effacer jusqu'à la trace de leurs forfaits par une conduite pleine de modération et de douceur, un attachement sincère au Roi que Dieu leur a rendu. Ah! vous connaissez bien peu ces hommes qui, sous le gouvernement impérial, tremblants, réduits à obéir, semblaient ne devoir jamais se relever, qu'un regard du despote faisait rentrer dans la poussière, et qui étaient devenus ses esclaves les plus humbles et les plus soumis; la puissance et la fermeté d'un maître qui ne pardonnait pas, les retenaient; aujourd'hui, redevenus plus audacieux que jamais, ils s'indignent qu'on ose leur parler de pardon ; cet article de la Charte leur paraît une insulte, et si jamais ils reprennent l'autorité, c'est par des crimes nouveaux qu'ils veulent faire oublier les anciens ; et le peuple, le peuple veut voir encore en eux ses amis les plus sincères, ses défenseurs les plus zélés..... Pauvre peuple !

Il est des crimes qui appellent, pour ainsi dire, le pardon et la clémence des rois. Ce sont ceux qui ont pris leur source dans l'erreur et l'ignorance. En éclairant les coupables, et les traitant avec douceur, on n'a pas à craindre la récidive. Il en est d'autres qui ne peuvent être réprimés que par la justice la plus sévère ; ici la clémence serait inutile et même dangereuse : ce sont les crimes que font commettre les mauvaises doctrines, l'insatiable cupidité et la perversité du cœur.

Récompenser les bons citoyens ; punir les méchants ; être juste envers tous ; faire respecter la religion et la morale ; donner tous ses soins à l'instruction de la jeunesse ; protéger l'agriculture, le commerce, les sciences et les arts ; réduire au silence toutes les factions ; ne proposer que des lois claires, équitables, d'une exécution facile ; éviter toute guerre injuste ; voilà la série des devoirs de tout bon gouvernement; dès que l'on en sort, on ne sait plus où l'on va.

Les révolutions amenées par le malaise des peuples ou le besoin d'un changement dans la législation, ne sont ordinairement ni longues ni cruelles; elles ne passent pas les limites du territoire; elles cessent dès que le changement desiré est effectué, et que les peuples sont heureux : celles qui sont le produit des doctrines d'une fausse philosophie qui veut se mettre à la place de la morale et des religions, sont longues, sanglantes, et doivent, avec la cause qui les a fait naître, chercher à s'étendre jusqu'à ce qu'elles rencontrent une force assez grande pour les arrêter.

Souverains de l'Europe, ouvrez les yeux! ce n'est pas seulement le trône des Bourbons que l'on veut renverser; les vôtres sont également menacés; c'est le monde entier que l'on veut révolutionner. Donnez à vos peuples une sage liberté basée sur des lois justes qui fixent invariablement leurs droits et leurs devoirs; mais rappelez-vous que toute concession que vous ferez au-delà, sera un pas de fait vers votre ruine. La faiblesse et l'irrésolution ont perdu l'infortuné Louis XVI; ni ses vertus, ni son amour pour ses sujets n'ont pu le sauver du fer assassin des révolutionnaires. Que la chute de ce monarque vertueux et si digne d'un meilleur sort, ne soit pas un exemple perdu pour vous! Une même fin vous attend, si vous ne vous opposez pas au torrent qui déborde déjà de toutes parts, et menace de tout entraîner.

FIN.

www.ingramcontent.com/pod-product-compliance
Lightning Source LLC
Chambersburg PA
CBHW060158100426
42744CB00007B/1085